工業簿記・原価計算の解　法

中島洋行・薄井浩信［著］

創 成 社

まえがき

　本書は大学および短期大学等において初めて工業簿記と原価計算を学ぶ学生，あるいは日本商工会議所の簿記検定2級（日商簿記検定2級）の合格を目指している受験生を対象とし，工業簿記と原価計算の基本的な考え方や計算方法を身に付けることを目的としている。

　全国の大学および短期大学等で開講されている「工業簿記」と「原価計算論」の授業の多くは，日商簿記検定2級の「工業簿記」の試験範囲を意識した内容であり，これらの授業の履修者には，日商簿記検定2級の合格を目指す学生も多くみられる。近年の日商簿記検定2級では「商業簿記」の試験範囲が大きく変わり，問題の難易度も以前よりも格段に上がっている一方で，「工業簿記」に関しては基本的な内容を問う問題が多く出題されていることから，「工業簿記」でできるだけ多くの得点を確保することが合格に向けて不可欠である。そこで，本書のターゲットは，日商簿記検定2級の「工業簿記」（40点満点）で合格点（最低でも32点以上，できれば36点以上）を取るための基礎力を養成したうえで，最終的に40点満点を目指すための実力を磨くことに定めている。

　この目標を達成するために，大学と高等学校でそれぞれ工業簿記および原価計算教育に長年携わってきた著者たちのノウハウを活かすべく，本書は3つの特長を備えている。

　第一に，テキストと問題集を一体化させることで，"基本事項の学習 → 例題の確認 → 問題演習"という簿記学習の基本的なサイクルをすべて一冊で網羅していることである。本テキストでは，近年の日商簿記検定2級「工業簿記」の出題内容および出題傾向を徹底的に分析したうえで，基本練習問題（48題），発展練習問題（26題）および応用練習問題（9題）の難易度が異なる3種類の練習問題を多数収録している。テキストだけではなく問題集としての性格を兼ね合わせることによって，検定試験受験に向けて必要な基礎学習から応用学習までが本書だけで完結するようになっている。

　第二に，算式の丸暗記を極力排し，従来の工業簿記および原価計算のテキストではほとんど紹介されていない解法を積極的に採用したうえで，例題と練習問題の解答・解説を行っている。これらの解法は著者たちが担当してきた大学と高等学校の授業ですでに採用し一定の成果を収めている解法であり，基本的な計算の手続きを一度理解してしまえばさまざまなパターンの問題に応用可能であり，計算時間の短縮も図れるメリットがある。

　第三に，練習問題には自学自習にも堪えうる丁寧な解答・解説を付けている。著者たちの経験では，市販されている問題集の中には紙幅の関係から解説が必ずしも十分ではない場合があるのも事実であり，学習者の立場からするとどのようにしてその解答が導かれるのかが理解できないケースが時々ある。そこで，本書では練習問題の解答と解説をすべてWebページに掲載している。Webページの活用によって紙幅を気にすることなく，できる限り丁寧な解答・解説を行うことが可能となった。

　本書で学ぶ全国の大学生および短期大学生，日商簿記検定 2 級合格を目指す皆様が工業簿記と原価計算の基本的な考え方および計算方法を身に付けて，一人でも多く日商簿記検定 2 級に合格することを私たちは願ってやまない。最後に，出版事情厳しき折，本書の刊行を快くお引き受けいただいた株式会社創成社　塚田尚寛社長，本書の刊行に至るまでに大変お世話になった出版部の西田徹様に心より感謝申し上げる次第である。

　2020 年 4 月

中島洋行

薄井浩信

本書の効果的な使い方

　簿記の基本的な学習スタイルは，“基本事項の学習 → 例題の確認 → 例題に類似した基本的な練習問題の解答”というサイクルです。大学および短期大学等での簿記関連の授業の多くはこのサイクルに沿って行われています。本書の各章の基本的な構成もこのサイクルを踏襲しています（第１章を除く）。

　簿記の学習を着実に進めて検定試験に合格できる実力を養うためには，復習がきわめて重要です。学習した内容を定着させるためには練習問題を繰り返し解くことが必要です。練習問題を繰り返し解くためには，練習問題の解答欄に直接答えを書き込んでしまうのは望ましくありません。すでに答えが書き込まれた状態では練習問題を解く意義がなくなってしまいます。ノートを別に用意して答えはノートに書き込むか，あるいは解答用紙部分をコピーするかダウンロードしたうえで練習問題を解くことをお勧めします。

　本書には，難易度が異なる３種類の練習問題を収録しています。学習目的や進捗状況によって各練習問題に取り組むことで検定試験合格に必要な実力が養成されていきます。

（A）基本練習問題（48題）

　　第１章を除く各章の章末に掲載し，各章での学習内容の定着や例題の確認を目的とした練習問題です。検定試験合格に向けて，まずは基本練習問題を確実に解けるようにすることが必要となります。

（B）発展練習問題（26題）

　　第１章を除く各章の章末に１〜２題ずつ掲載し，資料の与え方や条件設定を複雑にしたり，すでに学習した論点を融合したりすることで基本練習問題よりも難易度を高めています。近年の日商簿記検定２級「工業簿記」の難易度を鑑みると，発展練習問題が確実に解ける実力が身に付いていれば検定試験本番でも合格点の確保が十分に期待できます。

（C）応用練習問題（9題）

　　巻末に掲載し，発展練習問題よりも難易度をさらに高めた問題です。近年の日商簿記検定２級「工業簿記」で出題されている問題の難易度と比較した場合，難問に分類されます。日商簿記検定２級の合格だけを考えた場合，応用練習問題は必ずしも完璧に解ける必要はありませんが，今後，日商簿記検定１級や公認会計士試験などの上位資格を目指す場合には是非チャレンジしてほしい問題です。

　※各種練習問題の解答・解説は Web ページ上に掲載しています。また，一部の問題については解答用紙のダウンロードも可能です。解答・解説，解答用紙のダウンロードを掲載した Web ページは創成社ホームページを経由してアクセスできます。
　　https://www.books-sosei.com/downloads/

目　次

まえがき

本書の効果的な使い方

第1章 工業簿記および原価計算の基礎概念

【第1章の到達目標】

・「原価計算基準」の要点について確認することで，原価計算の目的や原価の本質等について理解を深める。

・工業簿記および原価計算を学ぶうえで特に重要な原価の分類方法である形態別分類，製品との関連による分類について理解する。

1 工業簿記とは何か

(1)商業簿記と工業簿記

　日商簿記検定3級で学ぶ「商業簿記」の学習では商業を営む小規模な企業や個人商店を対象としている。すなわち，小売業者（デパートやスーパーなど）および卸売業者のように，外部から商品を仕入れて仕入額よりも高い販売価格で他企業や消費者に販売することによって利益を得るビジネスモデルを持っている。

　一方で，これから本書で学ぶのは製造業を営む企業で行われる簿記，すなわち「**工業簿記**」である。製造業を営む企業とは，自動車メーカーや家電メーカーなどが該当する。原材料を外部から購入して，それらを加工および組み立てることによって完成させた製品を他企業や消費者に販売することで利益を得るビジネスモデルを持っている。

　商業簿記と工業簿記のいずれにおいても，日常の取引を仕訳し，総勘定元帳に転記し，試算表や精算表を作成し，最終的に貸借対照表や損益計算書などの財務諸表を作成することが目的である点には変わりはない。商業簿記と工業簿記の大きな違いは，製造活動が含まれるかどうかの違いにある。商業簿記では，売上原価の計算は"期首商品棚卸高＋当期仕入高－期末商品棚卸高"で簡単に計算できるが，工業簿記の場合には，売上原価を計算するためには，製造原価，すなわち製品を製造するためにかかった原価を計算する必要がある。製造原価を計算する一連のプロセスを**原価計算**といい，工業簿記ではきわめて重要となる。

　もう1つの大きな違いは計算期間が異なることである。商業簿記の場合には会計期間（1年間）の当期純利益を計算することが重視されるが，工業簿記では**原価計算期間**（月初から月末までの1ヶ月間）に発生した製造原価を把握することが重視される。

(2)工業簿記と原価計算

　工業簿記の最終的な目的は，工業を営む企業において財務諸表を作成し，企業外部の利害関係者のさまざまな意思決定に役立つ会計情報の提供と，企業内部の利害関係者への経営管理に役立つ会計情報の提供にある。この過程において，前述したように原価計算が必要になるとともに，原価計算を実施するうえで，工業簿記によって記帳および集計された原価情報が必要となることから，工業簿記と原価計算はきわめて密接な関係にある。工業簿記と原価計算は重なり合う部分も多いことから，本書では両者を一体化させながら学習を進めていく。

2　原価計算基準

(1)原価計算基準とは

　1962 年に大蔵省企業会計審議会が，一般に公正妥当だと認められる原価計算の実施方法を要約したものとして「**原価計算基準**」を発表する。原価計算基準は企業会計原則の一部分を構成し，1962 年の制定以来，今日（2020 年 4 月 1 日現在）に至るまで一度も改訂されていない。原価計算基準は，原価計算の実施方法に関する公式ルールブックのような役割を果たしており，これを無視することはできない。したがって，本書でこれから学ぶ原価計算や工業簿記の諸手続きも原価計算基準に準拠した内容となる。

(2)原価計算の目的

　原価計算基準の第一章一では，原価計算の目的として，次の①〜⑤を挙げている。このうち本書で主に取り上げるのは①と③である。
　　①財務諸表作成目的
　　②価格決定目的
　　③原価管理目的
　　④予算編成目的
　　⑤経営意思決定目的

　財務諸表作成目的は，原価計算基準では「企業の出資者，債権者，経営者等のために，過去の一定期間における損益ならびに期末における財政状態を財務諸表に表示するために必要な真実の原価を集計すること。」（第一章一（一））と記述されている。財務諸表作成目的は，5 つの目的の中でも特に重要な目的であり，真実の原価を集計できることを前提として，②〜⑤の目的が達成される。

　原価管理目的は，原価計算基準では「経営管理者の各階層に対して，原価管理に必要な原価資料を提供すること。ここに原価管理とは，原価の標準を設定してこれを指示し，原価の実際の発生額を計算記録し，これを標準と比較して，その差異の原因を分析し，これ

に関する資料を経営管理者に報告し，原価能率を増進する措置を講ずることをいう。」（第
一章一（三））と記述されている。本書の第21〜23章で学ぶ標準原価計算が代表的である。

(3)原価の一般概念

原価計算基準の第一章三では「原価」の本質として次の4つの点を挙げている。

①経済価値の消費

原価計算基準では「原価は，経済価値の消費である。」（第一章三（一））と記述されてい
る。製品を製造するためには，材料，労働力などさまざまな経済的な価値を持つものを消
費することから，原価が発生するということは，経済価値を消費することに他ならない。

②原価には価値がある

原価計算基準では，「原価は，経営において作り出された一定の給付に転嫁される価値
であり，その給付にかかわらせて，は握されたものである。」（第一章三（二））と記述され
ていて，やや難しい表現になっている。ここで給付とは，最終的に完成した**製品**や，製造
途中の状態（これを「**仕掛品**」という）を指しており，製品や仕掛品は，工業簿記では資産
に分類されることからも明らかなように一定の価値がある。

③経営目的の一致

原価計算基準では，「原価は，経営目的に関連したものである。経営の目的は，一定の
財貨を生産し販売することにあり，経営過程は，このための価値の消費と生成の過程であ
る。」（第一章三（三））と記述されている。①では原価は経済価値の消費であることを確認
したが，この経済価値の消費プロセスは，経営目的に一致していることが求められる。す
なわち，製品を製造する過程で経済価値が消費される場合には原価となりうるが，経営目
的に一致しない，つまり製品を製造する過程以外で経済価値が消費される場合には原価と
はなり得ない。

④原価の正常性

原価計算基準では，「原価は，正常な状態のもとにおける経営活動を前提として，は握
された価値の消費であり，異常な状態を原因とする価値の減少を含まない。」（第一章三
（四））と記述されている。ここで正常な状態とは，経営目的に合致して通常の製造活動
が行われている状態を表しているのに対して，異常な状態とは偶発的な事象のことであ
る。例えば，台風の被害によって工場が損壊したという場合には，台風という偶発的な事
象によるものであるから，正常な状態とはいえず，この場合の被害額は原価ではなく損失
になる。

(4)原価の分類

　原価計算基準では，原価を形態別，機能別，製品との関連，操業度との関連および原価の管理可能性という5つの観点から分類している。このうち，本書で学ぶのは形態別，製品との関連，操業度による各分類である。なお，操業度による分類については，第18章（直接原価計算）で詳しく学ぶため，ここでは割愛する。

①形態別分類

　飲食店を経営する場面を想定し，飲食店ではどのような原価が発生するか考えてみよう。飲食店では，食材の購入代金，調理や配膳を担当する従業員に支払う給与，店舗内にあるテーブル，イス，調理器具，皿などの購入代金，水道・ガス・電気の料金，店舗の賃借料などさまざまな原価が発生する。これらの原価を「**材料費**」，「**労務費**」，「**経費**」の3つに分類する方法が**形態別分類**である。

　まず，材料費とは，製品を製造するために必要な材料を購入して，それらが消費された時に発生する。続いて，労務費とは製品を製造するためにさまざまな作業を行った従業員（工員など）に対して支払う賃金のことである。最後に，材料費と労務費以外のすべての原価は経費に分類される。

　したがって，上記の飲食店の例であれば，食材の購入代金が材料費，調理や配膳を担当する従業員に支払う給与が労務費となり，残りはすべて経費と分類される。

②製品との関連による分類

　木製と鉄製の2種類の机だけを製造している企業を想定してみよう。ここで，材料費のうち木の天板（4本の足で支えられている机の上部の板）は明らかに木製の机に使用するとわかり，鉄の天板は明らかに鉄製の机に使用するとわかる。それゆえに，鉄の天板の購入代金は鉄製の机の材料費と関連付けることができる。しかし，ボルトやナットは木製と鉄製のどちらにも使用する可能性があるとすれば，ボルトやナットの購入代金の全額をそのまま木製もしくは鉄製の机の材料費と関連付けることができない。

　このように，ある原価が特定の製品の製造原価と関連付けられる場合，その原価は「**直接費**」となり，特定の製品の製造原価と関連付けられない場合にはその原価は「**間接費**」となる。したがって，上記の例であれば鉄の天板の購入代金は鉄製の机の材料費であると明確に関連付けられるので直接費となるが，ボルトやナットの購入代金は木製あるいは鉄製の机の材料費と明確に関連付けられないため間接費となる。

③両者を一体化させた分類

　①と②の方法を一体化した原価の分類方法が実際には用いられている。すなわち，原価を形態別分類で分類しつつ，さらに形態別分類で分類された原価を製品との関連性から直接費と間接費に分ける。したがって，原価を次頁の図表1-1のように6つのカテゴリーに

分類する。

図表 1-1　原価の 6 分類

		製品との関連による分類	
		直接費	間接費
形態別分類	材料費	直接材料費	間接材料費
	労務費	直接労務費	間接労務費
	経費	直接経費	間接経費

(5)原価計算の計算手続

　原価計算基準では，原価計算の計算手続きについて，「実際原価の計算においては，製造原価は，原則として，その実際発生額を，まず費目別に計算し，次いで原価部門別に計算し，最後に製品別に集計する。販売費および一般管理費は，原則として，一定期間における実際発生額を，費目別に計算する。」(第二章七) と記述されている。この記述から明らかなように，原価計算の計算手続きは三段階に分かれている。

　第一段階は，原価の形態別分類に基づいて実施する**費目別計算**である。第二段階は，費目別計算の計算結果に基づいて原価を製造部門と補助部門に分けて集計する**部門別計算**である。第三段階は，部門別計算に基づいて計算した各部門費を製品単位ごとに集計する**製品別計算**である。本書では第 2 章以降で，費目別計算，部門別計算および製品別計算についてそれぞれ学んでいく。

3　工業簿記における仕訳

(1)工業簿記における仕訳のルール

　工業簿記においても商業簿記と同様に日常の取引について仕訳を行う。工業簿記には商業簿記にはない特有の勘定科目がいくつか出てくるが，仕訳の基本的なルール自体は商業簿記と何ら変わりはない。すなわち，商業簿記ですでに学んだ図表 1-2 のルールに沿って工業簿記においても仕訳が行われる。

図表 1-2　仕訳のルール

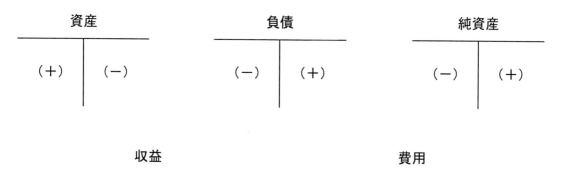

（注）（＋）と（－）は，それぞれの要素に該当する勘定科目が増加（発生）または減少（消滅）した場合に，仕訳においてその勘定科目が借方と貸方のどちらに現れるかを表示している。例えば，現金（資産）が増加した場合には，資産の借方側が（＋）になっているので，借方に仕訳する。

(2)工業簿記に特徴的な勘定科目

　工業簿記には商業簿記には存在しない特徴的な勘定科目がいくつかある。例えば，次のような勘定科目が代表的な例である。それぞれの勘定科目については，第2章以降であらためて説明を行うが，その概略を示すと次の通りである。

　　　・「材料」（資産）…製品を製造するために用いられる材料のこと
　　　・「賃金」（費用）…労働の対価として，製造活動に直接的に関与する従業員に支払われるお金のこと
　　　・「製造間接費」（費用）…間接材料費，間接労務費，間接経費の合計
　　　・「仕掛品」（資産）…原価計算期間の終点，すなわち月末時点で製造途中の製品
　　　・「製品」（資産）…完成した製品

　なお，工業簿記の仕訳で使われる勘定科目は，資産と費用に属する勘定科目が大半を占めている。日商簿記2級の範囲では，収益に属する勘定科目は売上，負債に属する勘定科目は買掛金と預り金が登場する程度であり，純資産に属する勘定科目に至ってはほぼ出てくることはない。

第2章 材料費（1）―材料の購入と消費―

1 材料の購入と消費

(1)材　料

　材料の範囲は広く，縫製業における布のような原材料（素材）から，自動車産業におけるタイヤのような部品までさまざまな種類がある。材料は外部から購入するのが一般的であるが，部品の場合には自製（自社で製造）する場合もある。本書では，材料を外部から購入する場合について学ぶ。

　材料は，特定の製品の製造に対して使用されて，製品との関連性が明確な場合には原材料，主要材料あるいは素材と呼ばれる。これらが消費された時には**直接材料費**となる。また，特定の製品に取り付けるために外部から購入した部品（買入部品という）が消費された時も直接材料費となる。

　一方で，複数の製品に対して共通に使用されて，製品との関連性が明確ではない場合には補助材料と呼ばれる。これらが消費された時には**間接材料費**となる。また，工場内で複数の種類の製品を製造するために使用される燃料，機械に差す油，手袋，石鹸などは工場消耗品として，ドライバーやスパナなどの耐用年数が1年以内の工具類は消耗工具器具備品として，それぞれ分類される。これらが消費された時も間接材料費となる。

(2)材料の購入

　材料購入時の仕訳は，商業簿記における商品仕入時の仕訳とほぼ同じである。材料は資産の勘定科目であるから購入時は借方に仕訳し，引取運賃や梱包費等の付随費用が発生する場合には，材料の購入代価に含めて処理する。

〔例題 2-1〕

　材料 X（単価 200 円）を 4 月 14 日に 20,000 個購入し，代金は掛とした。なお，購入にあたり付随費用（引取運賃）80,000 円が発生し，現金で支払った。

●解答●

4/14（借）材　　　料　4,080,000　（貸）買　掛　金　4,000,000
　　　　　　　　　　　　　　　　　　　現　　　金　　　80,000

(3)材料の消費

　購入した材料は倉庫で保管されるが，やがて製品製造のために使用される。工業簿記および原価計算では，材料を使用することを特に"材料を消費する"という。材料が消費された場合，材料は貸方に仕訳される。また，原材料，主要材料および素材として消費された場合には借方の勘定科目は「**仕掛品**」が用いられ，間接材料および補助材料として消費された場合には「**製造間接費**」が用いられる。

〔例題 2-2〕

　4 月 18 日に，例題 2-1 で購入した材料 X を直接材料費として 8,000 個，間接材料費として 2,500 個消費した。

●解答●

4/18（借）仕　掛　品　1,632,000　（貸）材　　　料　2,142,000
　　　　　製造間接費　　510,000

【解説】

　例題 2-1 より材料 X の単価は(200×20,000＋80,000)÷20,000＝204 円であることに注意する。購入代価だけではなく，付随費用も含めた材料の購入額を購入数量で割る。

⇒基本練習問題 2-1 の(1)〜(3)を解答

(4)消費単価の計算

　材料が消費された場合，次の製造活動に備えて消費された量に応じて新たに材料を追加で購入するのが一般的である。この時に前回の材料購入時と今回の購入単価が同一であれば問題ないが，前回の材料購入時から購入単価が数円〜数十円単位で変化することも多い。材料の購入単価が変化し，倉庫内に異なる購入単価の材料が混在している場合には，**先入先出法**，**平均法**および**移動平均法**などの方法に基づいて消費された材料の**消費単価**を決定する必要がある。

　消費単価の決定方法として，本書では先入先出法，平均法および移動平均法について学

ぶ。先入先出法とは，先に購入した材料から順番に消費されていくと仮定したうえで，材料の消費単価を決定する方法であり，商業簿記の先入先出法と同じである。また，移動平均法も商業簿記で学んだものとまったく同じである。

　平均法は，月初時点の材料有高および在庫数量と，当月に購入した材料の総額と合計数量を用いて，下記の式によって材料の消費単価を決定する。

$$平均法による材料の消費単価 = \frac{月初時点の材料有高 + 当月購入額}{月初時点の材料在庫数量 + 当月購入数量}$$

　なお，材料の購入と消費について記録するために，材料元帳を記帳するが，商業簿記の商品有高帳の記帳とほぼ同じであることから，本書では材料元帳の記帳は割愛する。

〔例題 2-3〕

　次の(1)〜(3)の取引について仕訳しなさい。

(1)　4 月 12 日に材料 Y（単価 50 円）を 20,000 個購入し，代金は掛けとした。なお，引取運賃 20,000 円は現金で支払った。

(2)　4 月 18 日に材料 Y（単価 53 円）を 10,000 個購入し，代金は掛けとした。なお，引取運賃 10,000 円は現金で支払った。

(3)　4 月 30 日に材料 Y を主要材料として 11,000 個，補助材料として 9,000 個を消費した。なお，材料の消費単価は平均法によって計算を行うこと。また，月初時点で材料 Y の在庫はなく，(1)と(2)以外に当月の材料 Y の購入はないものとする。

●解答●

(1)4/12（借）材　　　料　1,020,000　（貸）買　掛　金　1,000,000
　　　　　　　　　　　　　　　　　　　　　　現　　　金　　 20,000

(2)4/18（借）材　　　料　 540,000　（貸）買　掛　金　 530,000
　　　　　　　　　　　　　　　　　　　　　　現　　　金　　 10,000

(3)4/30（借）仕　掛　品　 572,000　（貸）材　　　料　1,040,000
　　　　　　　製造間接費　 468,000

【解説】

　(3)は(1)と(2)よりまず平均法によって次のように消費単価を計算する。

　　消費単価 = (1,020,000 + 540,000) ÷ (20,000 + 10,000) = 52 円

　これより，仕掛品は 52 × 11,000 = 572,000 円，製造間接費は 52 × 9,000 = 468,000 円となる。

〔例題 2-4〕

　材料 Z の購入と消費が次のように行われた場合に，①先入先出法，②平均法に基づいて，当月の材料消費高と月末の材料有高をそれぞれ計算しなさい。

《材料 Z に関する資料》

　　　月初有高　200 個（@60 円）　　　当月購入　800 個（@50 円）
　　　当月消費　950 個　　　　　　　　月末有高　50 個

●解答●

　①先入先出法

　　当月材料消費高：49,500 円　　　月末有高：2,500 円

　②平均法

　　当月材料消費高：49,400 円　　　月末有高：2,600 円

【解説】

　①先入先出法では下記のような図を書くと理解しやすい。当月に消費された 950 個の材料のうち 200 個は月初有高（@60 円）（前月に購入したもので未使用のまま倉庫で保管）が優先的に消費され，残り 750 個は当月に購入した 800 個（@50 円）の中から消費される。最終的に当月に消費されなかった 50 個が月末有高として次月に繰り越される。

　②平均法では例題 2-3 と同様の方法で平均単価（@52 円）を計算し，当月消費高と月末有高を計算する。

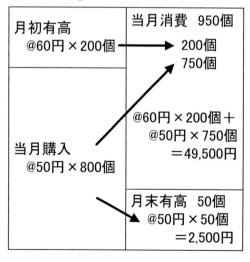

①先入先出法

月初有高 @60円×200個	当月消費　950個 200個 750個
	@60円×200個＋ @50円×750個 ＝49,500円
当月購入 @50円×800個	月末有高　50個 @50円×50個 ＝2,500円

②平均法

月初有高 @60円×200個	当月消費　950個 @52円×950個 ＝49,400円
当月購入 @50円×800個	月末有高　50個 @52円×50個 ＝2,600円

★平均単価
（60×200＋50×800）÷（200＋800）＝52円

⇒基本練習問題 2-1 の(4)と 2-2 を解答

② 棚卸減耗損（棚卸減耗費）

　購入した材料は倉庫で保管し，定期的（主に月末）に保管している材料の数量を確認（これを特に実地棚卸という）して，実際有高（実地棚卸数量×購入単価）と帳簿上の材料有高（帳簿棚卸数量×購入単価）を比較する。しかし，材料の紛失や盗難などの理由によって，実地棚卸数量が帳簿棚卸数量を下回る場合がある。このような場合には，不足する材料相当分の金額について**棚卸減耗損**を計上し，その分だけ帳簿上の材料の残高を減らす。なお，商業簿記の棚卸減耗損と基本的な考え方がまったく同じであり，棚卸減耗費ということもある。

　なお，棚卸減耗損は製造間接費に分類されることから，仕訳時の勘定科目は製造間接費を使うのが一般的である。また，棚卸減耗損が正常と考えられる範囲で発生する場合と，異常と考えられる範囲で発生する場合があり，それぞれ簿記上の処理は異なる。日商簿記検定 2 級では棚卸減耗損が正常と考えられるケースのみが試験範囲であることから，本書では正常な範囲で発生する棚卸減耗損に限定して考える。

〔例題 2-5〕

　材料 Y の 4 月の月末材料有高は帳簿上では 10,000 個であったが，月末に倉庫で材料 Y の棚卸しを行ったところ 9,950 個であった。このとき必要な仕訳を示しなさい。ただし，棚卸減耗は正常な範囲で発生しているものとし，材料 Y の消費単価は @52 円で計算する。

●解答●

4/30　（借）製造間接費　2,600　（貸）材　　　料　2,600

【解説】

　実地棚卸数量 9,950 ＜帳簿棚卸数量 10,000 より 50 個材料が不足し，この分が棚卸減耗損となるから，棚卸減耗損は 52×50＝2,600 円である。なお，棚卸減耗損が発生する時の仕訳の勘定科目は製造間接費を用いる。

⇒基本練習問題 2-3 を解答

第2章 基本練習問題

問題 2-1 次の(1)～(4)について仕訳を行いなさい。なお，消費単価は移動平均法によって計算を行うこと。また，材料Aに月初有高は存在しないものとする。

(1) 4月8日に材料A（単価40円）を8,500個購入し，代金は掛けとした。なお，引取運賃3,400円は現金で支払った。

(2) 4月12日に材料Aを素材として5,000個，補助材料として1,000個をそれぞれ消費した。

(3) 4月16日に材料A（単価38.4円）を2,500個購入し，代金は掛けとした。なお，引取運賃1,000円は現金で支払った。

(4) 4月21日に材料Aを素材として3,500個，補助材料として500個をそれぞれ消費した。

[解答欄]

	日付	借 方	金 額	貸 方	金 額
(1)					
(2)					
(3)					
(4)					

問題 2-2　材料 B に関する以下の資料を参考にして，①先入先出法，②平均法に基づいて，当月の材料消費高と月末の材料有高を計算しなさい。なお，材料 B の当月消費量は各自推定すること。

《材料 B に関する資料》

月初有高　1,500 個（@120 円）　　　当月購入　6,000 個（@130 円）

当月消費　　？　個　　　　　　　　月末有高　1,200 個

[解答欄]

	①先入先出法	②平均法
当月の材料消費高	円	円
月末の材料有高	円	円

問題 2-3 材料Cの当月の購入と消費に関する情報に基づいて，先入先出法によって材料Cの当月の材料消費額，月末有高および棚卸減耗損をそれぞれ計算し，さらに棚卸減耗損に関する仕訳を示しなさい。なお，仕訳では製造間接費勘定を用いること。また，棚卸減耗は正常な範囲で発生しているものとする。

4月1日	前月繰越	80 個	@50 円	
5 日	購入	200 個	@48 円	
9 日	消費	180 個		
18 日	購入	150 個	@54 円	
26 日	消費	190 個		
30 日	次月繰越	58 個	（実地棚卸数量）	

［解答欄］

材料Cの当月消費額	材料Cの月末有高	棚卸減耗損の額
円	円	円

棚卸減耗損に関する仕訳

日付	借　方	金　額	貸　方	金　額

第 2 章　発展練習問題

問題 2-4　当社では材料 D のみを製品の製造に用いている。次の資料を参考にして，材料勘定の〔　〕に適切な語句を，（　）に適切な金額をそれぞれ記入しなさい（日付の記入は不要である）。なお，当社では材料の消費単価の計算は先入先出法による。

《材料 D に関する 4 月の諸取引》

　4 月 1 日　　前月繰越　16,000 円（@80 円×200kg）

　4 月 9 日　　材料 D（@90 円）を 1,200kg 購入し，代金は掛けとした。なお，運賃 2,160 円は先方が負担した。

　4 月 10 日　前日に購入した材料 D のうち 100kg は品質不良のため返品した。

　4 月 17 日　材料 D（@85 円）を 500kg 購入し，引取運賃 750 円と一緒に現金で支払った。

　4 月 22 日　材料 D を主要材料として 1,500kg 消費した。

　4 月 30 日　材料 D の実地棚卸を行ったところ 280kg であった。なお，棚卸減耗は正常な範囲で発生しているものとする。また，棚卸減耗損は製造間接費勘定で処理すること。

材　　料

〔　　　　　〕	（　　　　　）	〔　　　　　〕	（　　　　　）
〔　　　　　〕	（　　　　　）	〔　　　　　〕	（　　　　　）
〔　　　　　〕	（　　　　　）	〔　　　　　〕	（　　　　　）
		〔　　　　　〕	（　　　　　）
	（　　　　　）		（　　　　　）

第3章 材料費（2）—予定価格を用いた計算—

【第3章の到達目標】
・材料副費の性格を理解したうえで特に予定配賦を行った場合の処理方法について学ぶ。
・予定価格を用いて材料費の計算を行った場合に，材料消費価格差異の処理を適切に行えるようにする。

1 材料副費とその処理方法

(1)材料副費

　材料を購入し，保管する際に発生するさまざまな付随費用のことを**材料副費**という。前章で出てきた引取運賃も材料副費の1つである。材料副費には工場外部で発生する外部材料副費と，工場内部で発生する内部材料副費とがある。それぞれの具体例を挙げると次の通りである。

$\begin{cases} 外部材料副費…引取運賃，買入手数料，梱包費など \\ 内部材料副費…購入事務費，検収費，保管費など \end{cases}$

(2)材料副費の予定配賦

　材料副費には引取運賃のように材料購入時にすぐに把握できるものがある一方で，倉庫の保管費のように月当たりで計算している場合も多くあり，材料購入時に材料副費の正確な発生額をすぐに把握することが難しい。そこで，材料副費の計算では**予定配賦**という方法がよく用いられている。

　予定配賦を行う場合，過去の材料副費の発生実績などを基にして，材料購入時に材料副費の予定配賦額（発生予想額）を一度計上し，月末になり材料副費の実際発生額が把握できた時点で「**材料副費配賦差異**」を用いて予定配賦額と実際発生額の差額を調整するという処理が行われる。材料副費配賦差異は予定配賦額と実際発生額の大小関係によって，**借方差異**（不利差異）と**貸方差異**（有利差異）が発生し，その際の仕訳は次の通りである。

　　（ア）予定配賦額 ＜ 実際発生額　の場合…借方差異（不利差異）が発生

　　　（借）材料副費配賦差異　×××　（貸）材　料　副　費　×××

　　（イ）予定配賦額 ＞ 実際発生額　の場合…貸方差異（有利差異）が発生

　　　（借）材　料　副　費　×××　（貸）材料副費配賦差異　×××

　工業簿記の学習を進めていくうえで，借方差異（不利差異）と貸方差異（有利差異）という用語がこれから頻繁に出てくる。借方差異とは，望ましくない状態を表す。材料副費を例とすれば，予定配賦額が 1,500 円であったのに対して，実際発生額が 1,800 円となってしまった場合であり，実際発生額が予定配賦額を 300 円超過している状態である。したがって，不利差異と呼ばれることもある。一方で，貸方差異とは，予定配賦額が 1,500 円であったのに対して，実際発生額が 1,300 円で収まったような場合であり，望ましい状態を表す。このため，貸方差異は有利差異と呼ばれることもある。なお，借方差異の場合には，仕訳をした際に「差異」という語句が含まれる勘定科目が借方側に現れ，貸方差異の場合には貸方側に現れる。

　借方差異と不利差異，貸方差異と有利差異は同じ意味を表す用語だが，工業簿記では一般的に借方差異と貸方差異が使われることが多いことから，本書においても以下では借方差異と貸方差異に統一する。

〔例題 3-1〕

　4 月 17 日に材料 X（@90 円）を 1,300 個購入し，代金は掛けとした。また，月末に引取運賃，買入手数料，梱包費の合計 12,000 円を現金で支払った。なお，材料副費は購入価額の 10％に相当する金額を予定配賦している。このとき，①材料副費を予定配賦した場合の材料購入時の仕訳，②材料副費支払時の仕訳，③材料副費配賦差異の処理に関する仕訳をそれぞれ示しなさい。

●解答●

①	4/17	（借）材　　　　料	128,700	（貸）買　　掛　　金	117,000
				材　料　副　費	11,700
②	4/30	（借）材　料　副　費	12,000	（貸）現　　　　　金	12,000
③	4/30	（借）材料副費配賦差異	300	（貸）材　料　副　費	300

【解説】

　①では材料副費の予定配賦を行わない場合と同様に，材料副費相当額（117,000×0.1＝11,700 円）を材料の購入額（117,000 円）に上乗せして借方に計上する。しかし，材料副費を実際に現金で支払うのは②の時点であるから，ここでは予定配賦額 11,700 円は材料副費勘定を用いて貸方に計上しておく。

　②では材料副費の実際発生額（12,000 円）を借方に計上し，現金で支払う仕訳を行う。

　③①と②より，予定配賦額 11,700 ＜ 実際発生額 12,000 だから，借方差異である。したがって，両者の差異 300 円を材料副費配賦差異として計上する。貸方には材料副費 300 円が入ることで，①から③の仕訳より材料副費勘定の借方合計と貸方合計が同額（12,000 円）になるため，材料副費勘定は残高が 0 円となって消滅する。

⇒基本練習問題 3-1 を解答

2 予定価格を用いた材料費の計算

　第2章で学んだように，月間に発生した材料費は月末になるまで把握できない。しかし，材料費の計算を簡略化し，材料費の概算を月末よりも前に把握するために，**予定価格**を用いて材料費を計算する方法がある。予定消費価格とは，本来であれば材料を購入するたびに変化する可能性がある材料の消費価格を一定額に固定した金額であり，過去の実績および市場などの外部環境の状況を加味して決定される。

　予定価格を用いている場合，材料が消費されるたびに材料の消費量に予定価格をかけた金額を材料の予定消費額として計上し，月末になり材料の実際消費額が確定した時点で，予定消費額と実際消費額との差額を**材料消費価格差異**として処理する。材料副費の予定配賦と同様の考え方で，借方差異と貸方差異を次のように考える。

　（ア）予定消費額 ＜ 実際消費額　の場合…借方差異（不利差異）が発生

　（借）材料消費価格差異　×××　（貸）材　　　　料　×××

　（イ）予定消費額 ＞ 実際消費額　の場合…貸方差異（有利差異）が発生

　（借）材　　　　　料　×××　（貸）材料消費価格差異　×××

　　※予定価格を用いている場合，すでに消費された材料と，倉庫で保管されている未使用の材料を区別するために，すでに消費された材料に対して「消費材料」勘定を用いて処理する場合もある。

〔例題 3-2〕

　次の(1)～(4)について仕訳を行いなさい。なお，材料Yの消費単価の計算は平均法によって行い，材料Yの予定価格を @185円に設定している。また，材料Yの月初有高はないものとする。

　(1)　4月10日に材料Yを @178円で300kg購入し，代金は掛けとした。なお，引取運賃として現金700円を支払った。

　(2)　4月14日に材料Yを @177円で200kg購入し，代金は掛けとした。なお，引取運賃として現金500円を支払った。

　(3)　4月25日に材料Yを直接材料として220kg，間接材料として60kgそれぞれ消費した。

　(4)　予定価格で計算した材料Yの予定消費額と，実際消費額（50,400円）との差額を材料消費価格差異勘定に振り替える。

●解答●

(1)4/10　（借）材　　　　料　54,100　（貸）買　　掛　　金　53,400
　　　　　　　　　　　　　　　　　　　　　現　　　　金　　　700

(2) 4/14　（借）材　　　　　料　35,900　（貸）買　　掛　　金　35,400
　　　　　　　　　　　　　　　　　　　　　　現　　　　　金　　　500
(3) 4/25　（借）仕　　掛　　品　40,700　（貸）材　　　　　料　51,800
　　　　　　製 造 間 接 費　11,100
(4) 4/30　（借）材　　　　　料　　1,400　（貸）材料消費価格差異　　1,400

【解説】

　(3) より予定消費額は 51,800 円であるから，(4) で示されている実際消費額（50,400 円）と比較し，材料消費価格差異は 1,400 円の貸方差異であるとわかる。なお，材料 Y の実際消費額 50,400 円はこの例題では問題文で与えられているため計算不要であるが，(1) と (2) より当月の材料の消費単価を算定したうえで次のように計算できる。

$$\{(178 \times 300 + 700) + (177 \times 200 + 500)\} \div (300 + 200) \times (220 + 60) = 50,400$$

⇒基本練習問題 3-2 を解答

第3章 基本練習問題

問題 3-1　4月17日に材料A（@150円）を600個購入し，代金は掛けとした。なお，月末に材料副費の合計7,000円を現金で支払った。また，材料副費は購入価額の8％に相当する金額を予定配賦している。次の(1)～(3)の仕訳を示しなさい。

(1)材料副費を予定配賦して材料Aを購入した際の仕訳

(2)材料副費を支払った際の仕訳

(3)材料副費配賦差異の処理に関する仕訳

［解答欄］

	日付	借　方	金　額	貸　方	金　額
(1)					
(2)					
(3)					

問題 3-2　次の(1)〜(4)について仕訳を行いなさい。なお，材料 B の消費単価の計算は平均法によって行い，材料 B の予定価格を 250 円に設定している。また，材料 B には月初有高が 17,150 円（@245 円×70 個）ある。

(1)　4 月 8 日に材料 B を @251 円で 100 個購入し，代金は掛けとした。なお，引取運賃として現金 260 円を支払った。

(2)　4 月 16 日に材料 B を @244 円で 80 個購入し，代金は掛けとした。なお，引取運賃および梱包料として現金 220 円を支払った。

(3)　4 月 27 日に材料 B を直接材料として 130 個，間接材料として 40 個それぞれ消費した。

(4)　予定価格で計算した材料 B の予定消費額と，実際消費額との差額を材料消費価格差異勘定に振り替える。なお，材料 B は 4 月 27 日以外に消費していないものとする。

[解答欄]

	日付	借　方	金　額	貸　方	金　額
(1)					
(2)					
(3)					
(4)					

第3章　発展練習問題

問題 3-3 次の(1)〜(4)について仕訳を行いなさい。なお，材料Cの消費単価の計算は平均法によって行い，材料Cの予定価格を@136円に設定している。また，材料副費は購入価額の10%に相当する金額を予定配賦している。ただし，材料Cには月初有高はないものとする。

(1) 4月10日に材料Cを@130円で300kg購入し，代金は掛けとした。

(2) 4月14日に材料Cを@120円で200kg購入し，代金は掛けとした。

(3) 4月22日に材料Cを主要材料として250kg，補助材料として100kgそれぞれ消費した。

(4) 4月30日に材料副費6,250円を現金で支払った。また，材料消費価格差異を計上した。なお，材料Cは4月22日以外に消費していないものとする。

[解答欄]

	日付	借　方	金　額	貸　方	金　額
(1)					
(2)					
(3)					
(4)					

第**4**章 労務費

【第4章の到達目標】

・労務費のうち直接労務費になるものと間接労務費になるものを区別できるようにする。

・賃金・給与の支給額と，原価計算上の賃金・給与支払額とは異なることを理解し，後者を確定させるために必要な仕訳ができるようにする。

・予定消費賃率を用いて賃金消費額の計算を行った場合に，賃率差異の処理を適切に行えるようにする。

---

① 直接労務費と間接労務費

(1)直接労務費

　工場で働く工員は，切削，加工，組立などを通じて製造活動に直接的に従事する工員である「**直接工**」と，機械設備の修理，完成品や材料などの運搬，工場内の清掃などを担当し，製造活動を補助的に支援する工員である「**間接工**」とに分かれる。このうち，直接工に対して支払われる賃金が**直接労務費**となる。切削，加工，組立などの作業（直接作業）は特定の製品に対して行われるものであり，製品との関連性が明確なためである。

(2)間接労務費

　労務費のうち直接労務費以外のものが**間接労務費**となるが，その内容は大きく3つに分類される。

　　①間接工に対して支払う賃金

　　②工場事務職員に対して支払う給与

　　③賃金・給与以外の賞与，社会保険料，通勤・残業等の各種手当，福利厚生費

　工場では複数の種類の製品を同時並行して製造するのが一般的であるから，間接工や工場事務職員が行う作業（間接作業）および業務は，特定の製品の製造と関連付けることができないため間接費になる。また，③も特定製品との関連性が明確ではないため間接費になる。

　ただし，直接工に支払われる賃金であっても間接労務費となる次の例外（④・⑤）があることに注意する。

④直接工が間接工の作業を手伝った場合に直接工に対して支払われる賃金

⑤手待ち時間（機械の故障などが発生し，加工や組立作業が中断していて作業ができない時間）に対して支払われる賃金

⇒基本練習問題 4-1 を解答

② 賃金・給与支払額の計算方法

(1)原価計算上の賃金・給与支払額を確定する手続き

　原価計算期間は月初から月末までの 1 ヶ月間であるのに対して，賃金・給与の支給日は月初や月末ではない場合が一般的である。例えば，賃金・給与の計算を毎月 15 日や 20 日で締めて，毎月 25 日に支給としている企業が多いため，毎月 25 日に銀行の ATM が混雑するのはそのためである。このように原価計算期間と賃金・給与の支給日にズレが生じていることから，ある工員に対して 5 月 20 日締めで計算し，5 月 25 日に支払われた**賃金支給額**（4 月 21 日～5 月 20 日分）と，その工員に対する原価計算上の 5 月の**賃金支払額**（5 月 1 日～31 日分）とは一致しない。それゆえに，図表 4-1 に示すような計算を行って，賃金支給額を基にして原価計算上の賃金支払額に修正する手続きが必要になる。

図表 4-1　賃金支給額と原価計算上の賃金支払額

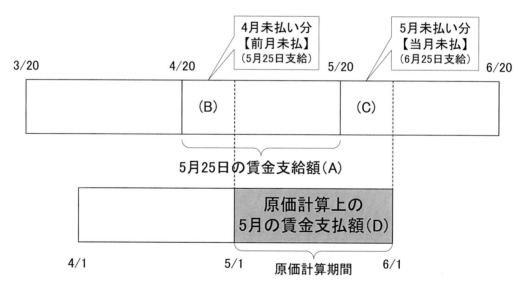

（注）賃金を例として説明しているが工場事務職員に対して支払われる給与も同様の方法で計算する

　図表 4-1 より，原価計算上の 5 月の賃金支払額（D）は，5 月 25 日の賃金支給額（A）に当月未払分（C）を足して，前月未払分（B）を引くことで計算される。したがって，次のように表すことができる。

　　当月の原価計算上の賃金支払額＝当月賃金支給額＋当月未払賃金－前月未払賃金

〔例題 4-1〕

　次の資料を参考にして，原価計算上の 5 月の賃金支払額を計算しなさい。

　《資料》　当月賃金支給額（5 月 25 日支払分）300,000 円※

　　　　　　※源泉所得税と社会保険料の合計額 20,000 円を含む

　　　　前月未払賃金額（4 月 21 日〜4 月 30 日分）55,000 円

　　　　当月未払賃金額（5 月 21 日〜5 月 31 日分）70,000 円

●解答●

300,000＋70,000－55,000＝315,000 円

(2)原価計算上の賃金・給与支払額に修正するための仕訳

　図表 4-1 で確認した修正計算は，工業簿記では①〜③の 3 つの仕訳を通じて賃金勘定で行われる（例題 4-2 参照）。

　　①前月の未払賃金の再振替仕訳（月初に行う）

　　　（借）未払賃金　×××　（貸）賃　　金　×××

　　②当月の賃金支給時の仕訳（賃金支給日に行う）

　　　（借）賃　　金　×××　（貸）当座預金　×××

　　　　　　　　　　　　　　　　　預 り 金　×××

　　③当月の未払賃金を計上する仕訳（月末に行う）

　　　（借）賃　　金　×××　（貸）未払賃金　×××

　①の仕訳では，前月末に③の仕訳によって計上した未払賃金を再振替仕訳（前月末に行った仕訳と貸借が反対の仕訳を行うこと）する。これによって，賃金勘定の貸方に前月の未払賃金額が計上されるため，賃金勘定で原価計算上の賃金支払額が計算できる。また，②の預り金には所得税の源泉徴収額や社会保険料が該当する。したがって，工員の銀行口座に実際に振り込まれる金額は賃金から預り金相当分を引いた残額となる。

〔例題 4-2〕

　例題 4-1 の資料を用いて，原価計算上の 5 月の賃金支払額を計上するために必要な仕訳を示すとともに，賃金勘定に転記しなさい。

●解答●

　①前月の未払賃金の再振替仕訳（月初に行う）

　　5/1 （借）未払賃金　55,000 （貸）賃　　金　55,000

　②当月の賃金支給時の仕訳（賃金支給日に行う）

　　5/25（借）賃　　金　300,000 （貸）当座預金　280,000

　　　　　　　　　　　　　　　　　　預 り 金　20,000

③当月の未払賃金を計上する仕訳（月末に行う）

5/31（借）賃　　金　70,000　（貸）未払賃金　70,000

	賃　　金		
5/25　諸　　口　300,000	5/1　　未払賃金　55,000
5/31　未払賃金　70,000	

【解説】

賃金勘定の貸借差額を計算すると 300,000 ＋ 70,000 － 55,000 ＝ 315,000 円となり，例題 4-1 で確認した 5 月の原価計算上の賃金支払額と一致することが確認できる。

⇒基本練習問題 4-2 を解答

3 　賃金の消費に関する仕訳

　直接工と間接工が製造活動に関連するさまざまな作業を行うことで賃金が消費される。直接工の賃金の消費額は直接工が実際に行った作業時間に**実際消費賃率**（作業 1 時間あたりの単価）をかけることで計算される。消費賃率は月間の賃金消費額（基本給と，残業手当および業務手当などの加給金の合計額）を作業時間で割って算出するため，実際には作業が行われるたびに賃金の消費額を計算するのではなく，月末に月間の作業時間に実際消費賃率をかけて一括して計上される。また，実際消費賃率は各従業員別や職種別に設定する場合，全工員の平均値に設定する場合などがある。なお，間接工については計算が煩雑になり，正確性に問題が生じる場合もあることから実際消費賃率を用いて賃金の消費額を計算することは原則としてない。

　賃金の消費を仕訳で表す場合，借方の勘定科目は直接作業に対する賃金消費であれば仕掛品，間接作業に対する賃金消費であれば製造間接費が用いられる。直接工の場合には，前述したように間接工の作業を手伝ったり，手待ち時間が発生したりすることに伴って発生する賃金消費は製造間接費となる。

〔例題 4-3〕

　当月の直接工の直接作業時間は 210 時間，間接作業時間は 30 時間であった。また，実際消費賃率は 900 円／時であった。この時，必要な仕訳を示しなさい。

●解答●

（借）仕　掛　品　189,000　（貸）賃　　　金　216,000

　　　製造間接費　 27,000

4 予定消費賃率を用いた賃金消費額の計算

実際消費賃率を用いて賃金消費額を計算する場合，月末にならなければ労務費の計算ができないという問題がある。このため，賃金消費額の概算を月末よりも前に把握するために**予定消費賃率**を用いて計算する方法がある。なお，この方法は前章で学んだ予定消費価格を用いた材料費の計算方法と基本的な考え方がほぼ同じである。

予定消費賃率は，月間の賃金予定支払総額（基本給と加給金の合計額）を予定総就業時間で割ることで算定される。この予定消費賃率に月間の実際の直接作業時間をかけると月間の賃金予定消費額の概算ができる。月末になり，賃金の実際消費額が把握できた時点で予定消費額と実際消費額を比較し，両者の差額である**賃率差異**を把握する。

　（ア）予定消費額 < 実際消費額　の場合…借方差異（不利差異）が発生

　　（借）賃率差異　×××　（貸）賃　　金　×××

　（イ）予定消費額 > 実際消費額　の場合…貸方差異（有利差異）が発生

　　（借）賃　　金　×××　（貸）賃率差異　×××

〔例題 4-4〕

次の(1)と(2)の仕訳を行いなさい。なお，本年度の予定総就業時間は 100 時間で，賃金予定支払総額は 120,000 円であるものとする。

　(1)　当月の直接作業時間は 75 時間，間接作業時間は 15 時間であった。なお，予定消費賃率によって賃金の消費額を計算している（予定消費賃率は各自算定のこと）。

　(2)　当月の賃金の実際消費額は 110,000 円であることが判明した。

●解答●

(1)（借）仕　掛　品　90,000　（貸）賃　　　　金　108,000

　　　　　製造間接費　18,000

(2)（借）賃 率 差 異　2,000　（貸）賃　　　　金　2,000

【解説】

まず予定消費賃率を計算すると，120,000 円÷100 時間＝1,200 円 / 時となる。(1)で賃金の予定消費額が 108,000 円とわかり，実際消費額 110,000 円と比較すると 2,000 円の借方差異であるから，(2)において賃率差異を計上する。

⇒基本練習問題 4-3 を解答

第4章　基本練習問題

問題 4-1 当社では今月，労務費に関して以下の①〜⑨が発生した。このとき，今月の直接労務費と間接労務費はいくらになるか計算しなさい。

　　①賞与の支給額　1,250,000 円

　　②間接工の賃金　835,000 円

　　③直接工が間接作業を行った際の賃金　86,000 円

　　④社会保険料　　360,000 円

　　⑤直接工の手待時間に対する賃金　5,000 円

　　⑥直接工の賃金　1,443,000 円

　　⑦残業手当　　　107,000 円

　　⑧工場事務職員の給与　208,000 円

　　⑨福利厚生費　　48,000 円

［解答欄］

直接労務費 [　　　　　　　] 円　　　　間接労務費 [　　　　　　　] 円

問題 4-2 次の資料を参考にして，賃金勘定の〔　〕に適切な語句を，（　）に適切な数値をそれぞれ記入しなさい。また，5 月の原価計算上の賃金支払額を計算しなさい。なお，賃金支給日は 5 月 25 日とする。

《資料》

従業員	職　種	当月支給額	前月未払額	当月未払額
A	直　接　工	247,300 円	71,900 円	83,400 円
B	直　接　工	218,500 円	69,700 円	73,100 円
C	間　接　工	225,200 円	55,600 円	49,400 円
D	工場事務職員	189,000 円	62,300 円	38,800 円

［解答欄］

```
                              賃      金
─────────────────────────────────────────────────
  5/25  諸    口 (            )   5/1 〔         〕 (            )
  5/31 〔        〕 (            )
```

5 月の原価計算上の賃金支払額 ☐☐☐☐☐☐☐ 円

問題 4-3 次の(1)〜(5)について仕訳を行いなさい。なお，当社は予定消費賃率を用いて賃金消費額を計算し，当月の賃金予定支払総額は 1,619,750 円，予定総就業時間は 1,705 時間である。また，当社には直接工だけしか在籍せず，必要に応じて直接工が間接作業も行うものとする。

(1) 前月の賃金未払高は 521,400 円であった。再振替仕訳を行う。

(2) 当月の賃金支給額は 1,610,600 円であり，社会保険料 114,000 円と所得税の源泉徴収額 203,300 円を差し引いた額を現金で支払った。

(3) 当月の直接作業時間は 1,650 時間，間接作業時間は 40 時間であった。

(4) 当月の賃金未払高は 495,700 円であった。

(5) 賃金の予定消費額と実際消費額の差額を賃率差異として計上する。

[解答欄]

	借　方	金　額	貸　方	金　額
(1)				
(2)				
(3)				
(4)				
(5)				

第 4 章　発展練習問題

問題 4-4　次の資料を参考にして，6月分の賃金，仕掛品，製造間接費および賃率差異の各勘定の〔　　〕に適切な語句を，（　　）に適切な数値をそれぞれ記入しなさい。ただし，解答欄において，〔　　〕と（　　）は必要数よりも多く設けてあるので，記入が不要な場合には一線を記入しなさい。なお，各勘定の締切と日付の記入は不要である。

《資料1》

　当社に在籍する工員 12 名はすべて直接工であり，その内訳は切削作業を担当する工員が 5 名，組立作業を担当する工員が 7 名である。間接作業は必要に応じて直接工が担当する。

《資料2》

　当社は職種別に予定消費賃率を用いて賃金消費額を計算している。当月の切削作業担当工員の賃金予定支払総額は 858,600 円，予定総就業時間は 795 時間，組立作業担当工員の賃金予定支払総額は 1,164,800 円，予定総就業時間は 1,040 時間である。

《資料3》

　5 月 21 日から 6 月 20 日までの賃金支払帳（設問の都合上，一部のみ記載）の記入は次の通りであった。なお，賃金支払帳の合計欄には 12 名の従業員全員分の金額が記帳されている。

賃　金　支　払　帳

20X1 年 5 月 21 日から 6 月 20 日まで

番号	氏　　名	基本賃金	割増賃金	諸手当	所得税	社会保険料
1	A	148,000	5,000	10,000	10,000	6,000
2	B	159,000	0	9,000	9,000	5,000
3	C	152,000	7,000	11,000	9,500	6,000
（以下省略）						
合　　計		1,598,000	96,000	126,000	142,000	101,000

《資料4》

　前月の未払賃金は 726,800 円，当月の未払賃金は 731,100 円であった。

《資料5》

　当月の直接作業時間は 1,805 時間（切削作業 810 時間，組立作業 995 時間）であった。また，これとは別に間接作業を行った時間が 45 時間，手待時間が 5 時間あったが，これらはすべて組立作業担当工具によるものである。

[解答欄]

賃　　金

〔　　　　　〕（　　　　　）　〔　　　　　　　〕（　　　　　）
〔　　　　　〕（　　　　　）　〔　　　　　　　〕（　　　　　）
〔　　　　　〕（　　　　　）　〔　　　　　　　〕（　　　　　）
〔　　　　　〕（　　　　　）　〔　　　　　　　〕（　　　　　）

仕　掛　品

〔　　　　　〕（　　　　　）　〔　　　　　　　〕（　　　　　）

製造間接費

〔　　　　　〕（　　　　　）　〔　　　　　　　〕（　　　　　）

賃　率　差　異

〔　　　　　〕（　　　　　）　〔　　　　　　　〕（　　　　　）

第**5**章 経　費

【第5章の到達目標】

・経費の計算方法を理解し，経費に関する取引の仕訳をできるようにする。

1 直接経費と間接経費

　原価を形態別に分類した場合，材料費でも労務費でもない原価はすべて経費となる。経費も製品との関連性によって**直接経費**と**間接経費**に分類されるが，その大半は間接経費であり，直接経費はごくわずかである。

　直接経費の代表例は**外注加工賃**と特許権使用料である。外注加工賃は，特殊加工などを要する製品の製造に際して，自社ではなく他社に加工作業を依頼した場合に支払う手数料である。また，特許権使用料は，特許権の使用許諾を得るために特許の保有者に対して支払う使用料である。

　間接経費は，工場内の水道光熱費（水道，電気，ガスなど）や通信費（電話，インターネットなど），工場建物や機械設備の減価償却費，倉庫等の賃借料，棚卸減耗損，火災保険などの保険料，固定資産税等の税金などが該当する。

　なお，間接経費と一般管理費は費目によっては混同されやすい場合があるため注意が必要となる。例えば，同じ「減価償却費」であっても，工場建物や工作機械の減価償却費は間接経費となるが，本社建物の減価償却費は一般管理費である。間接経費はあくまでも製造活動に関わって発生する原価に限定されて，製造活動に直接関わらない支出は一般管理費に分類される。

2 経費に関する取引の処理方法

(1)経費の計算方法

　間接経費はその計算方法によって，①支払経費，②月割経費，③測定経費，④発生経費に分類することができる。以下では，それぞれについて具体例を挙げながら確認していく。

①支払経費

　請求された金額を支払日に支払うことで経費の金額が確定する費用を支払経費という。外注加工賃，賃借料，税金などが該当する。なお，支払日が月初や月末ではなく，未払額や前払額が生じて原価計算期間と一致しない場合には，当月分の支払額に未払額や前払額を加減して当月の経費発生額を確定させる手続きが必要になる。

②月割経費

　減価償却費や保険料のように間接経費の金額が年額（保険料の場合には半年などの場合もある）で計算されるものは，月割計算を行って月単位の金額に修正する必要がある。

③測定経費

　水道，電気，ガスなどの料金は，工場内に設置したメーターの検針を行うことで一定期間（通常は前回の検針日から1カ月間）の使用量を確定させたうえで一定期間分の支払額が確定する。このため，検針日が原価計算期間と一致していない場合，原価計算上の利用料金と支払額（請求額）との間にズレが生じることになる。検針日と原価計算期間が一致していたとしても，当月分の水道，電気，ガス料金などの請求書が実際に到着するのは翌月になる。例えば，5月1日〜5月31日までの水道料金は，6月1日の操業前に検針を行って5月の使用量を測定したうえで確定されると仮定すれば，6月になってから5月分の請求書が作成されて，請求書の受け取りと請求額の支払いが行われることになる。したがって，6月に支払った水道料金は6月の水道料金ではなく5月の水道料金であることに注意しなければならない。

　また，測定経費は電気料金のように基本料金部分（月間の使用量に関わらず一定額が発生）と従量料金部分（使用量に応じて料金が発生）を合算して料金を計算するものが多い。

④発生経費

　棚卸減耗損は何らかの理由によって実地棚卸数量と帳簿棚卸数量とが一致しない場合に発生するが，裏を返せば実地棚卸数量と帳簿棚卸数量とが一致している場合には棚卸減耗損は発生しないことになる。このように特定の事象が発生した時に限り発生する経費を発生経費という。

(2)経費に関する取引の仕訳

　経費に関する取引の仕訳では，（ア）経費の発生額が確定した時点の仕訳と，（イ）経費の支払いを行った時点の仕訳を区分して考えることが重要である。特に支払経費と測定経費は，（ア）と（イ）の時点にズレが生じている場合が大半なので注意が必要である。

（ア）経費の発生額が確定した時点の仕訳

　発生額が確定した経費の仕訳は，借方には直接経費であれば仕掛品，間接経費であれば製造間接費を記入し，貸方には該当する経費を表す勘定科目，または経費に対応した勘定科目（例えば，減価償却費の場合であれば貸方は減価償却累計額，棚卸減耗損の場合であれば材料）を記入する。なお，このような仕訳の形になるのは，経費を表す勘定科目，あるいは経費に対応した勘定科目を仕掛品もしくは製造間接費に振り替えているためである。

（イ）経費の支払時点の仕訳

　借方には経費の勘定科目（外注加工賃，水道光熱費など）を記入し，貸方には支払手段（現金，当座預金など）に用いた勘定科目を記入する。なお，月割経費や発生経費の場合には，請求書が届いて経費を支払うというプロセスが基本的にない。

⇒基本練習問題 5-1 を解答

〔例題 5-1〕

　次の(1)〜(4)について仕訳を示しなさい。なお，間接経費はすべて製造間接費勘定で処理すること。

(1)　当月の外注加工賃支払額は 69,000 円，前月未払額は 12,000 円，当月未払額は 8,000 円である。

(2)　工場の建物および機械設備の当月の減価償却費は 250,000 円である。

(3)　当月末の操業終了後に電力メーターを検針したところ，メーターの数値が前月末より 1,250kwh 増えていた。なお，電気料金は基本料金 10,000 円，従量料金は 32 円/kwh である。

(4)　棚卸減耗損が 500 円発生した。なお，棚卸減耗の発生は正常な範囲とする。

●解答●

(1)　（借）仕　　掛　　品　65,000　（貸）外 注 加 工 賃　65,000
(2)　（借）製 造 間 接 費　250,000　（貸）減価償却累計額　250,000
(3)　（借）製 造 間 接 費　50,000　（貸）水 道 光 熱 費　50,000
(4)　（借）製 造 間 接 費　500　（貸）材　　　　料　500

【解説】

　(1)は支払経費，(2)は月割経費，(3)は測定経費，(4)は発生経費である。(1)は 69,000＋8,000−12,000＝65,000 より当月の原価計算上の外注加工賃の支払額は 65,000 円となる。なお，外注加工賃は直接経費なので借方は仕掛品となる。(3)は従量料金部分の計算は 32×1,250＝40,000 円であるから，基本料金部分 10,000 円と合算して計算する。

⇒基本練習問題 5-2 を解答

第5章 基本練習問題

問題 5-1 次の問いに答えなさい。

問1 当社は加工作業の一部を A 社に外注している。外注加工賃は毎月 20 日締めで，25 日に前月の 21 日から当月の 20 日分までの外注加工賃の請求が来る。5 月 25 日に外注加工賃の請求額 82,000 円が来たので月末に支払った。なお，当月未払分が 4,000 円，前月未払分が 7,000 円であった。以上の条件に基づき，5 月の外注加工賃の金額を計算しなさい。

[解答欄]

5 月の原価計算上の外注加工賃支払額 ☐ 円

問2 当社は完成品を保管する倉庫を借りている。倉庫の賃借料は毎月 20 日に翌日からの 1 ヶ月分（21 日〜翌月 20 日）を支払う契約になっていて，5 月 20 日に 250,000 円を支払った。なお，前月前払分が 183,000 円，当月前払分が 176,000 円である。このとき，5 月の賃借料はいくらになるか計算しなさい。

[解答欄]

5 月の賃借料 ☐ 円

問題 5-2　次の(1)〜(4)について仕訳を行いなさい。なお，減価償却費と棚卸減耗損は製造間接費勘定を用いて仕訳すること。

(1)　5月15日に外注加工賃50,000円と電気料金48,000円の請求が来たので，現金で支払った。なお，外注加工賃は毎月10日締めの15日支払いである。

(2)　5月末になり，当月の外注加工賃と電気料金が確定した。外注加工賃の前月未払額は9,000円，当月未払額は7,000円である。また，5月31日の操業終了後にメーターを検針したところ，前月末が8,110kwh，当月末が9,790kwhをそれぞれ表示していた。なお，電気料金は基本料金10,000円，従量料金は32円/kwhである。

(3)　減価償却費（年額）は2,400,000円である（仕訳の日付は5月末とする）。

(4)　5月末に材料Aの棚卸を行ったところ，帳簿棚卸数量は10,400個，実地棚卸数量は10,360個であった。なお，当社は材料Aのみを使用し，材料Aの実際消費単価は@30円とする。また，棚卸減耗損の範囲は正常であるとする。

[解答欄]

	日付	借　方	金　額	貸　方	金　額
(1)					
(2)					
(3)					
(4)					

第5章　発展練習問題

問題 5-3 当社では次の資料に示す固定資産を保有している。当期末に減価償却を行うにあたり，損益計算書の（ア）当期製品製造原価に含まれる減価償却費の金額と，（イ）販売費及び一般管理費に含まれる減価償却費の金額をそれぞれ答えなさい。なお，いずれの固定資産も期首に取得しているものとする。

《資料》

当社が保有する固定資産のデータ（単位：円）

No.	固定資産の具体的内容	取得原価	耐用年数	減価償却方法	減価償却累計額	備　考
1	本社ビル	3,000,000	30年	定額法	1,350,000	残存価額は取得原価の10%
2	工場建物	5,000,000	30年	定額法	2,100,000	残存価額は取得原価の10%
3	組立用工作機械	1,200,000	6年	定率法	432,000	償却率20%
4	営業用社用車	900,000	5年	生産高比例法	333,000	残存価額は0円，見積走行距離100,000km，当期走行距離18,000km
5	役員室応接机・椅子	180,000	6年	定額法	120,000	残存価額は0円
6	原材料運搬用フォークリフト	600,000	5年	200%定率法	360,000	残存価額は0円
7	工場勤務社員用食堂	900,000	30年	定額法	378,000	残存価額は取得原価の10%

［解答欄］

当期製品製造原価に含まれる減価償却費の金額 [　　　　　　　　] 円

販売費及び一般管理費に含まれる減価償却費の金額 [　　　　　　　　] 円

【参考】200％定率法（日商簿記2級商業簿記で学ぶ内容）

"定額法の償却率×200%" で計算する償却率を用いて，定率法によって減価償却を行うことをいう。ここで定額法の償却率とは，1÷耐用年数で計算できる。耐用年数が4年であれば，定額法の償却率は0.25となり，200%定率法の償却率は $0.25 \times 2 = 0.5$ となる。

第6章 個別原価計算（1）─製造間接費の配賦─

1 生産形態の違いと原価計算

　製造業には個別受注生産と市場見込生産という2つの生産形態があり，どちらを採用するかによって原価計算の方法も変わってくる。

　個別受注生産とは，顧客の注文に応じて製品を製造する生産形態であり，オーダーメイドとも呼ばれる。住宅，高級な洋服，市場性の低い特殊製品などで採用される。個別受注生産で製品の製造が行われる場合に用いられる原価計算が**個別原価計算**である。本書では第6章から第9章で個別原価計算について学ぶ。

　市場見込生産とは，特定の顧客から直接注文を受けるのではなく，市場の不特定多数の顧客を対象として，市場で売れる見込みのある製品を製造，販売することである。食料品，冷蔵庫や電子レンジなどの家電製品，自動車などで採用される。市場見込生産で製品の製造が行われる場合に用いられる原価計算が**総合原価計算**である。本書では第12章から第17章で総合原価計算について学ぶ。

2 製造指図書と原価計算表

　個別原価計算ではまず顧客から注文を受けた時点で**製造指図書**（図表6-1参照）が発行される。製造指図書には受注先，製造する製品の品名（品番）および規格，生産数量，完成要求日などの原価計算上，重要な情報が記載されるとともに，指図書番号（図表6-1の例ではNo.13）と呼ばれる番号が振られる。

図表 6-1　製造指図書の例

製造指図書
20X1年5月11日
指図書 No.13

STU商会株式会社　殿

注文書 No.1096	完成要求日　20X1年6月5日
受注先　XYZ工業株式会社	製造着手日　20X1年5月14日
納入先　STU商会(株)A営業所	完成日　（完成後に記入）

品名・規格	数　量	備　考
工作機械 MAF-3000	5	

製造指図書とセットで用いられるのが**原価計算表**である。原価計算表には2種類の様式があり，図表6-2に示すように，指図書番号ごとに直接材料費，直接労務費，製造間接費（図表6-2において製造間接費は実際配賦しているものとする）を集計した様式と，図表6-3に示すような原価計算期間中に製造に着手している製造指図書の原価を一覧できる様式がある。なお，図表6-2では直接経費の欄が省略されているが，直接経費が発生する場合には必要に応じて追加される。図表6-2の原価計算表には原価が発生するたびに原価が記録され，図表6-3の様式は月末に作成される。

図表 6-2　原価計算表の例（製造指図書番号別）

原　価　計　算　表

指図書　No. 13

品　　名：工作機械MAF-3000	作業開始日：20X1年5月14日
数　　量：5台	完成予定日：20X1年6月5日
注文先：STU商会株式会社	完　成　日：（完成後に記入）

直接材料費					直接労務費					製造間接費				
日付	品名	単価	数量	金額	日付	従業員	賃率	時間	金額	日付	費目	単価	数量	金額
5/14	材料A	500	10	5,000	5/14	A22	1,250	8	10,000	5/25	電気料金			24,830
5/15	材料B	1,200	20	24,000	5/15	B05	1,100	9	9,900	5/31	棚卸減耗損	500	1	500
5/21	材料D	9,000	5	45,000	5/21	A17	1,500	10	15,000	5/31	減価償却費			50,000
（以下中略）														
直接材料費合計				242,340	直接労務費合計				142,360	製造間接費合計				102,830

図表 6-3　原価計算表の例（全体）

原 価 計 算 表

自　20X1年5月1日　　至　20X1年5月31日

	製造指図書			合　計
	No.11	No.12	No.13	
前 月 繰 越	178,040	225,650	0	403,690
直 接 材 料 費	1,000	0	242,340	243,340
直 接 労 務 費	274,520	362,500	142,360	779,380
直 接 経 費	0	23,480	0	23,480
製 造 間 接 費	381,010	489,470	102,830	973,310
合　　　計	834,570	1,101,100	487,530	2,423,200
製 造 着 手 日	20X1.4.23	20X1.4.27	20X1.5.14	
完　成　日	20X1.5.10	20X1.5.17	―	
備　　　考	完成・引渡済	完成・未引渡	未完成	

3　製造間接費の配賦

　製造原価を計算するにあたり，直接材料費，直接労務費および直接経費は製品との関連性が明確なため，どの製造指図書に対して発生した原価であるかが容易に把握できる。これに対して，製造間接費は製品との関連性が明確ではないため，複数の製造指図書にまたがって発生する。このため，製造間接費を何らかの基準に基づき，製造指図書ごとに配分しなければ原価計算表の製造間接費の欄を記入することができない。

　原価計算では，製造間接費を複数の製造指図書あるいは部門（第10章で学習）に配分する手続きを特に「**配賦**」（はいふ）と呼んでいる。配賦の方法には第10・11章で学ぶ部門別原価計算などもあるが，第6章では直接作業（加工や組立など直接工が行う作業）時間や機械運転時間などの単一の基準に基づいて配賦する方法について学ぶ。

〔例題 6-1〕

　当月の製造間接費は294,300円であった。これを製造指図書No.1～3の直接作業時間を基準にして配賦し，製造指図書ごとに配賦される製造間接費の金額を答えなさい。なお，製造指図書No.1～3の直接作業時間はNo.1が400時間，No.2が360時間，No.3が140時間である。

●解答●

　No.1：130,800円　No.2：117,720円　No.3：45,780円

【解説】

製造指図書 No. 1 ～No. 3 の直接作業時間の合計が 900 時間なので，製造間接費 294,300 円を 900 時間で割って 1 時間あたりの製造間接費配賦率を計算すると 327 円 / 時となる。これに直接作業時間をかけることで，製造指図書に配賦される製造間接費の金額が決まる。

　No. 1　294,300÷900×400＝130,800 円

　No. 2　294,300÷900×360＝117,720 円

　No. 3　294,300÷900×140＝45,780 円

⇒基本練習問題 6-1 を解答

④ 製造間接費の予定配賦

製造間接費も材料費，労務費と同様に月末になるまで正確な金額を把握できないことから，計算を迅速に行って概算額をあらかじめ把握するために予定配賦が行われる。

製造間接費の実際配賦を直接作業時間で行っていると仮定すれば，年間の製造間接費予算額を予定直接作業時間で割って予定配賦率を計算し，これに実際の直接作業時間をかけることで予定配賦額が計算される。

予定配賦額が確定したら，仕掛品を相手勘定科目として次のような振替仕訳を行う。この仕訳を行うことで，直接材料費，直接労務費，直接経費に加えて，製造間接費も仕掛品勘定の借方に集められることになる（詳細は第 8 章で確認する）。

　（借）仕　掛　品　×××　（貸）製造間接費　×××

製造間接費の実際発生額が確定した時点で，製造間接費勘定の借方には，間接材料費，間接労務費および間接経費の実際発生額が計上される。また，製造間接費勘定の貸方には上記の仕訳より予定配賦額が計上される。そこで，予定配賦額と実際発生額を比較し，**製造間接費配賦差異**を計上する（例題 6-2 参照）。

　（ア）予定配賦額 ＜ 実際発生額・・・借方差異（不利差異）が発生

　　（借）製造間接費配賦差異　×××　（貸）製　造　間　接　費　×××

　（イ）予定配賦額 ＞ 実際発生額・・・貸方差異（有利差異）が発生

　　（借）製　造　間　接　費　×××　（貸）製造間接費配賦差異　×××

〔例題 6-2〕

　以下の資料に基づき，（1）と（2）の仕訳を行いなさい。また，製造間接費勘定（日付は省略，勘定の締切は不要）に適切な語句または数値を記入しなさい。

《資料》

　年間の製造間接費予算額：3,000,000 円

　年間の予定直接作業時間：6,000 時間

　当月の実際直接作業時間：400 時間

　当月の製造間接費実際発生額：225,000 円

　　（内訳：間接材料費 74,200 円，間接労務費 95,600 円，間接経費 55,200 円）

　(1)製造間接費の予定配賦額を計上する仕訳

　(2)製造間接費配賦差異を計上する仕訳

●解答●

　(1)　（借）仕　　　掛　　　品　200,000　（貸）製　造　間　接　費　200,000

　(2)　（借）製造間接費配賦差異　25,000　（貸）製　造　間　接　費　25,000

製造間接費

間　接　材　料　費	74,200	仕　　　掛　　　品	200,000
間　接　労　務　費	95,600	製造間接費配賦差異	25,000
間　接　経　費	55,200		

【解説】

　(1)　資料より予定配賦率を計算すると次のようになる。

　　　3,000,000 円÷6,000 時間＝500 円／時

　　したがって，製造間接費の予定配賦額は次のようになり，これが(1)の仕訳の金額となる。

　　　予定配賦額：500 円／時×400 時間＝200,000 円

　(2)　(1)より予定配賦額 200,000 ＜ 実際発生額 225,000 だから 25,000 円の借方差異である。

　(1)と(2)の仕訳を製造間接費勘定に転記すると貸方が埋まり，借方には実際発生額がそれぞれ入る。

⇒基本練習問題 6-2 を解答

第6章　基本練習問題

問題 6-1 次の資料を参考にして，製造指図書 No.101，No.102 および No.103 に配賦される当月の製造間接費の金額を計算しなさい。なお，当社は製造間接費を直接作業時間によって配賦し，直接作業時間は直接工 A～C の作業時間の合計である。

《資料1》当月の製造間接費の内訳

　　　　間接材料費：93,900 円　　間接労務費：187,700 円　　間接経費：204,400 円

《資料2》当月の直接工 A～C の製造指図書別直接作業状況

	指図書 No. 101	指図書 No. 102	指図書 No. 103
直接工 A	31 時間	56 時間	41 時間
直接工 B	9 時間	82 時間	69 時間
直接工 C	18 時間	42 時間	52 時間

[解答欄]

製造指図書 No.101 の配賦額 　　　　　　　　　　　　　円

製造指図書 No.102 の配賦額 　　　　　　　　　　　　　円

製造指図書 No.103 の配賦額 　　　　　　　　　　　　　円

問題 6-2　次の資料に基づき，(1)と(2)の仕訳を行いなさい。なお，当社は製造間接費を予定配賦し，配賦基準は直接作業時間による。

《資料》

　　年間の製造間接費予算額：6,458,400 円

　　年間の予定直接作業時間：9,360 時間

　　当月の実際直接作業時間：760 時間

　　当月の製造間接費実際発生額：519,800 円

　　　（内訳：間接材料費 63,100 円，間接労務費 163,600 円，間接経費 293,100 円）

　　(1)製造間接費の予定配賦額に関する仕訳

　　(2)製造間接費配賦差異を計上する仕訳

[解答欄]

	借　　方	金　　額	貸　　方	金　　額
(1)				
(2)				

第6章　発展練習問題

問題 6-3 当社には直接工A・B・C・D，間接工E，工場事務職員Fの6名の従業員が所属している。また，製造間接費を予定配賦し，配賦基準は直接作業時間による。次の資料に基づき，製造間接費勘定の〔　〕に適切な語句，（　）に適切な金額を記入しなさい。なお，解答欄において，〔　〕と（　）は必要数よりも多く設けてあるので，〔　〕と（　）のうち記入が不要な場合には一線を記入しなさい。

《資料》

- 当月の素材消費額：336,900 円
- 当月の買入部品購入額（すべて当月中に消費済）：91,400 円
- 当月の補助材料消費額：186,000 円
- 当月の工場消耗品消費額：21,500 円
- 当月の消耗工具器具備品消費額：36,200 円
- 当月の間接工Eおよび工場事務職員Fに関する資料

	当月支給額	前月未払額	当月未払額
間接工E	110,800 円	31,500 円	37,200 円
工場事務職員F	90,800 円	20,600 円	19,900 円

- 当月において直接工A（賃率は 600 円 / 時）が間接工Eの作業を手伝ったのは5時間であった。
- 当月の間接経費実際発生額：253,300 円
- 当月の直接作業時間：880 時間
- 年間の製造間接費予算額：6,472,000 円
- 年間の予定直接作業時間：8,090 時間

［解答欄］

製造間接費

〔　　　　〕（　　　　）	〔　　　　〕（　　　　）
〔　　　　〕（　　　　）	〔　　　　〕（　　　　）
〔　　　　〕（　　　　）	〔　　　　〕（　　　　）
〔　　　　〕（　　　　）	〔　　　　〕（　　　　）

第7章 個別原価計算（２）—製造間接費の差異分析—

1 製造間接費配賦差異の原因分析の必要性

　第6章では製造間接費を予定配賦して，実際発生額と比較することで製造間接費配賦差異を把握する方法について学んだ。しかし，第6章で学んだ範囲では製造間接費配賦差異が借方差異もしくは貸方差異であることは把握できたとしても，なぜ借方差異あるいは貸方差異が生じたのかという原因分析を行うことはできない。

　製造間接費を適切に管理し，実際発生額の低減を目指すうえで，製造間接費配賦差異が生じる原因をより詳細に分析することは不可欠である。第7章では，製造間接費配賦差異を操業度差異と予算差異の2種類の差異に分解することによって原因分析を行う方法を学ぶ。

　なお，操業度差異と予算差異の分析を行うにあたり，前提となる予算として固定予算と変動予算のどちらを採用しているかによって差異分析の結果が変わってしまう。そこで，第7章では固定予算と変動予算についても併せて学ぶこととする。

2 変動費と固定費

　変動費と固定費については本書の第18章で詳しく学ぶ。それゆえに，第7章では製造間接費の差異分析を行ううえで必要な知識のみを確認する。

- ・操業度：工場内の設備や労働力の稼働時間を表し，具体的には生産数量，直接作業時間，機械稼働時間などが該当する。
- ・変動費：操業度の変化に応じて比例的に発生額が増加する原価であり，生産数量に応じて増減する材料費などが該当する。

　　・固定費：操業度の変化に関係なく常に一定額が発生する原価であり，例えば，直接
　　　　　作業時間の増加によって発生額が変化しない機械設備の減価償却費が該当
　　　　　する。

※操業度，変動費および固定費についてより詳しい説明が必要な場合は第18章を参照されたい。

固定予算と変動予算

(1)予算と基準操業度

「予算」という言葉はさまざまな意味で用いられるが，ここでは特に製造間接費の予算という意味で用いる。工業簿記および原価計算，あるいは管理会計では予算と実績を比較して差異を把握することによって，原価管理および経営管理者の業績評価が行われる。

　予算を編成する場合，予算編成の前提となる**基準操業度**を事前にどのように設定するかがポイントになる。基準操業度には次の3つの考え方がある。

　　①実際的生産能力
　　②平均操業度
　　③期待実際操業度

　①は生産能力を最大限に活用し，やむを得ない操業の休止（一般的に想定される程度の機械のメンテナンスおよび故障など）を除いて，ムダや非効率が一切生じないことを前提とした操業度，②は今後数年間の需要予測に基づいて設定される操業度，③は現状をふまえて次年度に予想される操業度である。最も理想的かつ達成が厳しい操業度の水準は①であり，現実的かつ比較的達成可能性が高い操業度の水準は③になる。予算を編成する場合，基準操業度を①〜③のいずれかに定める。

(2)固定予算と変動予算

　基準操業度に対して，実際に工場で操業を行った結果，得られるのが実際操業度となる。操業度を直接作業時間に設定している場合であれば，実際操業度は当月に直接作業を実際に行った時間ということになる。

　本来であれば，基準操業度と実際操業度は一致することが望ましい。しかしながら，実際的生産能力に基づいて基準操業度を設定していて，もともと達成が困難である場合や，予期せぬトラブルなどで実際操業度が基準操業度に到達しないケースが多々ある。

　実際操業度が基準操業度に到達しないケースでも補正を行わず，基準操業度に基づいて作成した予算と，実際操業度に基づいて得られた実績値をそのまま比較するのが**固定予算**である。一方で，実際操業度が基準操業度に到達しないケースにおいて補正を行ったうえで予算と実績値の比較を行うのが**変動予算**である。変動予算では，予算を変動費部分と固

定費部分とに分けることで，実際操業度に基づいて作成した予算と実績値とを比較するための補正を行う。

　したがって，固定予算と変動予算のどちらを採用しているかによって予算と実績値の差異の金額は異なり，差異が持つ意味合いも変わってしまうことに注意が必要である。製造間接費配賦差異のより詳細な原因分析を行うにあたり，固定予算と変動予算のどちらを採用しているかはきわめて重要な問題である。

④ 操業度差異と予算差異

(1)固定予算の場合
①操業度差異
　操業度差異は，基準操業度と実際操業度の差に起因する差異である。操業度は時間や数量などで表されるが，操業度差異は金額で表す必要があることから，基準操業度と実際操業度の差に製造間接費予定配賦率をかけたものが操業度差異となる。製造間接費予定配賦率は基準操業度と実際操業度のズレによって影響を受けるわけではないため，基準操業度と実際操業度の差がそのまま差異の金額となる。式で書くと次のようになる。

　　操業度差異＝(実際操業度－基準操業度)×製造間接費予定配賦率

②予算差異
　予算差異は，予算額と実際発生額の差額に相当する差異である。固定予算では製造間接費予算額と，製造間接費の実際発生額とを比較する。ここで製造間接費予算額とは，基準操業度を前提として編成された製造間接費予算額の月額を表していて，年間の製造間接費予算額を月割計算（12で割る）したものである。式で書くと次のようになる。

　　予算差異＝製造間接費予算額－製造間接費実際発生額

(2)変動予算の場合
①操業度差異
　変動予算では予算を固定費部分と変動費部分とに分けるため，操業度差異は固定費部分からのみ発生し，変動費部分からは発生しない。なぜならば，基準操業度と実際操業度にズレが生じたとしても，変動費部分は操業度の変化に応じて発生金額が変化するため，基準操業度と実際操業度のズレの影響を受けないためである。したがって，操業度差異を式で表すと次のようになる。なお，製造間接費予定配賦率〈固定費部分〉は，年間の製造間接費予算額のうち固定費部分の予算を基準操業度で割って算定する。

　　操業度差異＝(実際操業度－基準操業度)×製造間接費予定配賦率〈固定費部分〉

②予算差異

変動予算の予算差異は，実際操業度を前提にして作成した予算額と，製造間接費の実際発生額を比較する。したがって，予算差異の算定にあたり，実際操業度を前提にして作成した予算額は，固定費部分と変動費部分を分けて考える必要がある。固定費部分は操業度に関係なく一定額が発生するが，変動費部分は操業度に応じて発生額が変化するためである。予算差異を算定する式を示すと次の通りである。

予算差異＝(基準操業度×製造間接費予定配賦率〈固定費部分〉＋実際操業度×製造間接費予定配賦率〈変動費部分〉)－製造間接費実際発生額

〔例題 7-1〕

次の資料に基づいて，(A) 固定予算を採用した場合と，(B) 変動予算を採用した場合について，それぞれの①予算差異と②操業度差異を求めなさい。

《資料１》

年間の基準操業度は 14,400 時間，月間の基準操業度は 1,200 時間，当月の実際操業度は 1,150 時間であった。なお，操業度は直接作業時間によるものとする。

《資料２》

年間の製造間接費予算額は 1,800,000 円である。その内訳は変動費部分に関する予算が 1,080,000 円，固定費部分に関する予算が 720,000 円である。

《資料３》

当月の製造間接費実際発生額は 150,500 円であった。

●解答●

(A) 固定予算の場合

①予算差異： 500 円（借方差異）　②操業度差異：6,250 円（借方差異）

(B) 変動予算の場合

①予算差異：4,250 円（借方差異）　②操業度差異：2,500 円（借方差異）

【解説】

資料１と２より製造間接費予定配賦率は 1,800,000÷14,400＝125 円／時である。実際操業度が 1,150 時間であるから予定配賦額は 125×1,150＝143,750 円である。

ここで，資料３より当月の製造間接費実際発生額は 150,500 円であるから 6,750 円の製造間接費配賦差異（借方差異）が生じている。ここまでは第 6 章の学習内容である。以下では固定予算または変動予算のそれぞれの場合について，この差異を操業度差異と予算差異とに分解する。本書では，この分解を次節で紹介する方法によって行う。

5 操業度差異と予算差異の算定方法

　操業度差異と予算差異を求める計算プロセスはさまざまな用語や算式が出てきて複雑であり，苦手とする日商簿記検定受験生が非常に多い。本書では一般的に紹介されているシュラッダー図や，49 ページと 50 ページで示した式を活用する方法ではなく，まったく異なる方法によって算定する。

　第 6 章で学んだように製造間接費の予定配賦額と実際発生額の差が製造間接費配賦差異である。したがって，次の等式が成り立つ。

　　　　製造間接費予定配賦額－製造間接費実際発生額＝製造間接費配賦差異

　ここで，製造間接費実際発生額と製造間接費配賦差異を移項すると次のようになる。

　　　　製造間接費予定配賦額－製造間接費配賦差異＝製造間接費実際発生額

　また，第 7 章の目的は製造間接費配賦差異を予算差異と操業度差異に分解してより詳細な分析を行うことであるから，これを踏まえて，上記の式を次のように書き換える。

　　　　製造間接費予定配賦額－（操業度差異＋予算差異）＝製造間接費実際発生額…☆

　さらに，製造間接費予定配賦額と操業度差異は後述する図で計算できるが，予算差異は計算できないので，予算差異を求めるために☆式を移項および整理すると，

　　　　予算差異＝製造間接費予定配賦額－操業度差異－製造間接費実際発生額…★

　上記のプロセスによって導いた★式を用いて，図表 7-1〜7-3 に示すような図を用いて例題 7-1 の操業度差異と予算差異を求めていく。

　事前準備として，製造間接費予定配賦率を計算（1,800,000÷14,400＝125 円／時）し，資料で与えられている月間の実際操業度と基準操業度も記入したうえで，図表 7-1 を書く。変動予算の場合には，予定配賦率の変動費部分（1,080,000÷14,400＝75 円／時）と固定費部分（720,000÷14,400＝50 円／時）の内訳が必要になるので併せて記入する。

図表 7-1　事前準備段階（その 1）

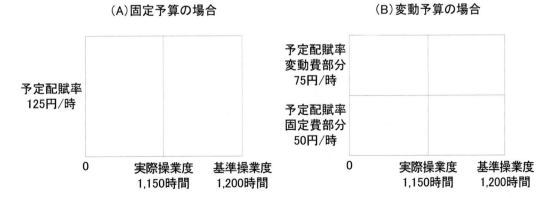

　続いて，図表7-2のように真ん中から左側に製造間接費予定配賦額，右側に操業度差異を記入する。なお，前述したように変動予算の場合には変動費部分の操業度差異は存在しないので×印を記入する。

図表 7-2　事前準備段階（その2）

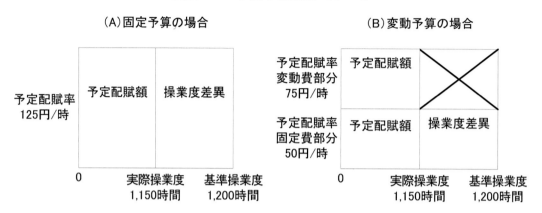

　さらに図表7-3のようにそれぞれの長方形の面積を計算する。予定配賦額の面積は，縦の長さを予定配賦率の金額，横の長さは実際操業度として面積計算を行う。また，操業度差異も縦の長さは予定配賦率の金額とするが，横の長さは実際操業度から基準操業度を引いた数値を用いて面積計算を行う。その結果，面積が負の値の場合には借方差異，正の値の場合には貸方差異と判断する。なお，操業度差異はほとんどのケースで“実際操業度＜基準操業度”が成立するから借方差異となる場合が多い。ここで，実際操業度が基準操業度に到達しない状態とは，基準操業度（この例題では1,200時間）まで作業ができる体制を整えていたにもかかわらず，1,150時間しか実際には作業を行うことができなかったことを指している。あと50時間分作業できる体制を整えたにもかかわらず，結果的に作業ができなかったことを望ましくない状態，すなわち借方差異と考える。

図表 7-3　予定配賦額と操業度差異の計算

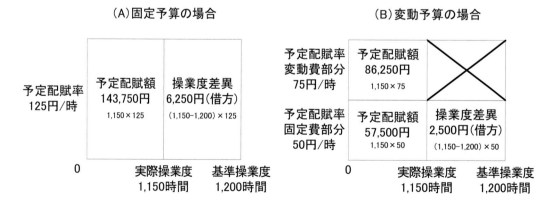

　最後に，図表7-3と問題文で与えられた資料から★式に代入して予算差異を計算する。

正の値ならば貸方差異，負の値ならば借方差異と判断する。その際に，借方差異はマイナスを付けたうえで★式に代入することに注意する。

（A）固定予算の場合

　　予算差異 ＝ 143,750 − (−6,250) − 150,500 ＝ −500

　以上より，予算差異は 500 円の借方差異である。

（B）変動予算の場合

　　予算差異 ＝ (86,250 ＋ 57,500) − (−2,500) − 150,500 ＝ −4,250

　以上より，予算差異は 4,250 円の借方差異である。

⇒基本練習問題 7-1 及び 7-2 を解答

第7章　基本練習問題

問題 7-1 次の資料に基づき，以下の問いに答えなさい。

問1　製造間接費配賦差異を計上する仕訳を示しなさい。

問2　製造間接費配賦差異をさらに予算差異と操業度差異に分解しなさい。ただし，固定予算を採用しているものとする。

問3　変動予算を採用し，さらに製造間接費予定配賦率の変動費と固定費の比率が2：1であるという条件を加えた場合に，製造間接費配賦差異を予算差異と操業度差異に分解しなさい。

《資料1》

製造間接費予算額（年額）は 2,419,200 円である。また，基準操業度（年間：直接作業時間）は 5,760 時間である。

《資料2》

当月の製造間接費実際発生額は 199,900 円であった。また，当月の実際操業度（直接作業時間）は 470 時間であった。

[解答欄]

問1

借　　方	金　　額	貸　　方	金　　額

問2（借方または貸方のいずれかを○で囲むこと）

予　算　差　異　[　　　　円の　　借方　　貸方　　差異　]

操業度差異　[　　　　円の　　借方　　貸方　　差異　]

問3（借方または貸方のいずれかを○で囲むこと）

予　算　差　異　[　　　　円の　　借方　　貸方　　差異　]

操業度差異　[　　　　円の　　借方　　貸方　　差異　]

問題 7-2 次の資料に基づき，製造間接費，製造間接費配賦差異，売上原価の各勘定について，〔　〕には適切な語句を，（　）には適切な数値を記入してそれぞれ完成させなさい。なお，製造間接費配賦差異は売上原価に加減したうえで，さらに予算差異と操業度差異に分解する。ただし，変動予算を採用しているものとする。また，日付の記入および勘定の締切は不要である。

《資料1》

　当月の月間予定直接作業時間（基準操業度）：950 時間

　当月の製造間接費予算

　　固定費額：1,073,500 円

　　変動費率：820 円 / 時

《資料2》

　当月の実際直接作業時間：936 時間

[解答欄]

製造間接費

間接材料費	421,600	〔　　　　　　〕	（　　　　　　）	
間接労務費	658,900			
間 接 経 費	734,500			
〔　　　　　〕	（　　　　　）			

製造間接費配賦差異

	〔　　　　　　〕	（　　　　　　）	

売上原価

	〔　　　　　　〕	（　　　　　　）	

予 算 差 異　｜　　　円の　　借方　　貸方　　差異

操業度差異　｜　　　円の　　借方　　貸方　　差異

※借方または貸方のいずれかを〇で囲むこと

第7章　発展練習問題

問題 7-3　当社では製造間接費の予定配賦を行っているが，その前提となる基準操業度（直接作業時間）と製造間接費予算を設定するにあたり，（ア）実際的生産能力，（イ）平均操業度，（ウ）期待実際操業度のいずれかを採用する。次の資料に基づき，後の問いに答えなさい。

《資料1》

　基準操業度として実際的生産能力，平均操業度および期待実際操業度を採用した場合の直接作業時間と製造間接費予算は次の通りである。

	直接作業時間	製造間接費予算
（ア）実際的生産能力	4,000 時間	2,480,000 円
（イ）平均操業度	3,860 時間	2,509,000 円
（ウ）期待実際操業度	3,840 時間	2,534,400 円

《資料2》

　当月の実際直接作業時間は 3,850 時間，製造間接費実際発生額は？円であった。

　　問1　固定予算を採用し，かつ基準操業度として（ア）実際的生産能力を選択しているものとして，操業度差異が 93,000 円の借方差異，予算差異が 35,250 円の貸方差異であることが判明している場合，製造間接費実際発生額を答えなさい。

　　問2　問1の結果を利用して，基準操業度として（イ）平均操業度を選択し，かつ固定予算を採用している場合の予算差異と操業度差異を答えなさい。

　　問3　問1の結果を利用して，基準操業度として（ウ）期待実際操業度を選択し，かつ変動予算を採用している場合の予算差異と操業度差異を答えなさい。ただし，製造間接費予算において固定費部分が占める割合は変動費部分の 150% であるものとする。

［解答欄］

問1

円

問2　（借方または貸方のいずれかを○で囲むこと）

予算差異　　　　　　　　　円の　　借方　　貸方　　差異

操業度差異　　　　　　　　円の　　借方　　貸方　　差異

問3　（借方または貸方のいずれかを○で囲むこと）

予算差異　　　　　　　　　円の　　借方　　貸方　　差異

操業度差異　　　　　　　　円の　　借方　　貸方　　差異

第 **8** 章　個別原価計算（３）─製品完成時と販売時の処理─

【第8章の到達目標】

・製品完成時および販売時の簿記上の処理について学ぶ。
・第2章から第7章までの学習のまとめとして勘定連絡図を理解できるようにする。

1　製品完成時と販売時の処理

　図表 8-1 は原価計算を行って製品を製造し，完成した製品が販売されるに至るまでのプロセスを表したものである。本書では第2章から第7章まで製造活動のプロセスについて学んできたが，第8章では最終的に仕掛品が製品（完成品）となって完成する段階（図表8-1 の⒜）と，完成した製品が販売されて売上高と売上原価が計上される段階（図表8-1 の⒝）の処理について学ぶ。

図表 8-1　製品の製造から販売までのプロセス

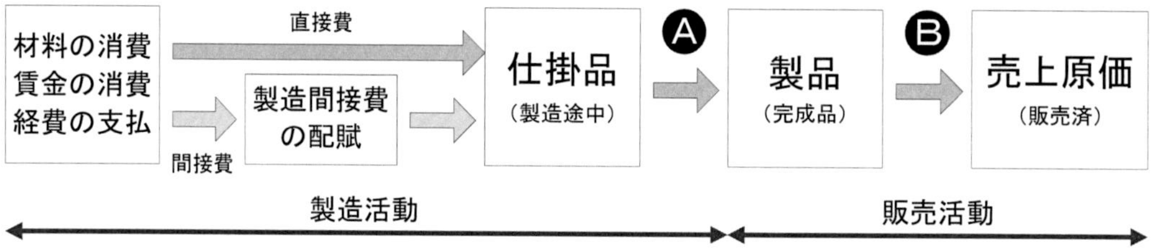

(1)製品完成時の処理

　第2章から第7章までで学んだように，材料や賃金が消費され，経費が支払われた場合，直接費はそのまま仕掛品勘定に振り替えられ，間接費はいったん製造間接費に振り替えられた後に，最終的に仕掛品に振り替えられる。したがって，製造原価はすべて仕掛品勘定の借方に集められることになる。製品の製造工程のすべての作業が終わり，製品が完成した時点で，次の仕訳を行って，仕掛品勘定の借方に集められている製造原価を製品勘定の借方に振り替える。

　　（借）製　　　品　×××　（貸）仕　掛　品　×××

　完成した製品は顧客に引き渡されるまで倉庫で保管される。個別原価計算の場合は、オーダーメイドで注文した顧客に販売することが前提のため、倉庫で保管される期間はわずかとなる場合が一般的である。

(2)製品販売時の処理

　倉庫で保管されていた製品が販売されて顧客に引き渡された時点で、売上高と売上原価が発生する。これらは次の仕訳によって行われる。

　①売上高を計上する仕訳

　　（借）売掛金など　×××　（貸）売　　　上　×××

　②売上原価を計上する仕訳

　　（借）売上原価　×××　（貸）製　　　品　×××

〔例題 8-1〕

　次の仕訳を行いなさい。

(1)　製造指図書 No.11 と No.12 が完成したので倉庫に搬入した。なお、仕掛品勘定残高のうち、製造指図書 No.11 が占める金額は 170,000 円、No.12 が占める金額は 300,000 円である。

(2)　製造指図書 No.11 の完成品を 220,000 円で販売し、代金は掛けとした。

(3)　製造指図書 No.11 を販売した顧客から、販売した製品 1 個について不良品であるとの申し出があり返品されてきた。なお、製品 1 個あたりの売上原価は 17,000 円、販売価格は 22,000 円であった。

●解答●

(1)　（借）製　　　　品　470,000　（貸）仕　掛　品　470,000
(2)　（借）売　掛　金　220,000　（貸）売　　　　上　220,000
　　　　　売 上 原 価　170,000　　　　製　　　　品　170,000
(3)　（借）売　　　　上　22,000　（貸）売　掛　金　22,000
　　　　　製　　　　品　17,000　　　　売 上 原 価　17,000

【解説】

(3)　工業簿記においても顧客に販売した製品に不良品や傷などが発生した場合には返品を受けたり、値引きをしたりすることがある。返品の場合、商業簿記と同様に販売時の反対仕訳を行えばよいから、返品された製品の販売価格と売上原価で(2)の反対仕訳を行う。

⇒基本練習問題 8-1 を解答

〔例題 8-2〕

次の資料１と２に基づいて，当月の原価計算表と，仕掛品勘定および製品勘定を完成させなさい。

《資料１》

製造指図書 No.51 は前月から製造を開始し，No.52 と No.53 は当月から製造を開始した。また，No.51 と 52 は当月中に完成したが，No.53 は当月中に完成していない。なお，No.51 は販売済みである。

《資料２》

製造指図書 No.51，No.52，No.53 の直接材料費，直接労務費，製造間接費の発生状況は次の通りである。なお，No.51 の（　）内の数字は前月発生分の原価を表している。

	直接材料費	直接労務費	製造間接費
No.51	9,000 円（120,000 円）	68,000 円（21,000 円）	42,000 円（12,000 円）
No.52	91,000 円	113,000 円	77,000 円
No.53	125,000 円	104,000 円	86,000 円

●解答・解説●

原価計算表　　　　　　　　　（単位：円）

	製造指図書			合　　計
	No.51	No.52	No.53	
前 月 繰 越	153,000	0	0	153,000
直接材料費	9,000	91,000	125,000	225,000
直接労務費	68,000	113,000	104,000	285,000
製造間接費	42,000	77,000	86,000	205,000
合　　　計	272,000	281,000	315,000	868,000

仕　掛　品

前 月 繰 越	153,000	製　　　品	553,000	← No.51＋No.52（当月中に完成）
直接材料費	225,000	次 月 繰 越	315,000	← No.53（当月中に未完成）
直接労務費	285,000			
製造間接費	205,000			
	868,000		868,000	

```
                    製        品
  仕 掛 品  553,000  │  売 上 原 価  272,000  ← No.51（当月中に販売済）
  ──────────────    │  次 月 繰 越  281,000  ← No.52（未販売）
             553,000  │              553,000
```

⇒基本練習問題 8-2 を解答

② 勘定連絡図

これまで学んできた仕訳（図表 8-1 の各段階で発生する仕訳）をすべて示せば次のようになる（直接経費は外注加工賃，間接経費は減価償却費のみ発生しているものとする）。

①材料の消費・賃金の消費・経費の支払（第 2 〜 5 章で学習）

　　（借）仕 掛 品　450,000　（貸）材　　　　料　450,000　【仕訳 1-A】
　　　　　仕 掛 品　160,000　　　　賃　　　　金　160,000　【仕訳 1-B】
　　　　　仕 掛 品　 50,000　　　　外 注 加 工 賃　 50,000　【仕訳 1-C】
　　　　　製造間接費　 80,000　　　　材　　　　料　 80,000　【仕訳 1-D】
　　　　　製造間接費　105,000　　　　賃　　　　金　105,000　【仕訳 1-E】
　　　　　製造間接費　 50,000　　　　減価償却費累計額　 50,000　【仕訳 1-F】

②製造間接費勘定の仕掛品勘定への振り替え（第 6 章で学習）

　　（借）仕 掛 品　235,000　（貸）製造間接費　235,000　【仕訳 2】

③製品の完成（第 8 章で学習）

　　（借）製　　　　品　470,000　（貸）仕 掛 品　470,000　【仕訳 3】

④製品の販売（第 8 章で学習）

　　（借）売 上 原 価　170,000　（貸）製　　　　品　170,000　【仕訳 4】
　　　　　売 掛 金　220,000　　　　売　　　　上　220,000

仕訳 4 の売上高を計上する仕訳を除いて，その他の仕訳をすべて各勘定に転記し，関連する勘定同士を矢印でつないだものが図表 8-2 の **勘定連絡図** である。勘定連絡図は個別原価計算の全体像を示した図である。

62

図表 8-2 勘定連絡図

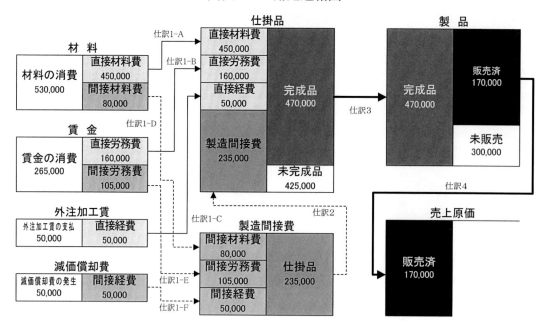

第8章　基本練習問題

問題 8-1　次の(1)と(2)について仕訳を行いなさい。

(1)　製造指図書 No.51 では同種の工作機械を 10 台（1 台あたりの製造原価は 120,000 円）製造し，顧客に販売することになっている。6 月 20 日に 10 台の製造が完了し，顧客に 1 台あたり 150,000 円で販売し，代金は掛けとした。

(2)　6 月 23 日になって，1 台が動作せず，1 台に塗装の剥げがあるという申し出があったため，動作しない 1 台の返品と，塗装の剥げがある 1 台の 10,000 円の値引きにそれぞれ応じた。

[解答欄]

	借　方	金　額	貸　方	金　額
(1)				
(2)				

問題 8-2 次の資料を参考にして，原価計算表を完成させたうえで，仕掛品勘定と製品勘定の〔　〕に適切な語句，（　）に適切な金額をそれぞれ記入しなさい。

《資料》

製造間接費は直接作業時間をもとに製造指図書に配賦している。

直接作業時間　No.61：30 時間　　No.62：150 時間　　No.63：100 時間

原 価 計 算 表

自　20X1 年 6 月 1 日　至　20X1 年 6 月 30 日　　　　　（単位：円）

	製造指図書			合 計
	No. 61	No. 62	No. 63	
前 月 繰 越	98,500	0	0	98,500
直接材料費	6,100	113,300	105,200	224,600
直接労務費	45,000	154,600	37,700	237,300
直 接 経 費	0	13,000	4,000	17,000
製造間接費				187,600
合　　　　計				765,000
製造着手日	20X1.5.23	20X1.6.4	20X1.6.25	
完 成 日	20X1.6.11	20X1.6.22	—	
備　　　考	引渡済	未引渡	未完成	

[解答欄]

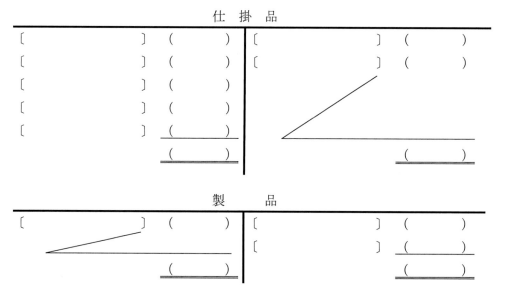

第 8 章　発展練習問題

問題 8-3　次の資料を参考にして，原価計算表，仕掛品勘定および製品勘定の〔　〕に適切な語句を，（　）に適切な金額をそれぞれ記入しなさい。

《資料》

1．製造間接費は直接作業時間をもとに製造指図書に配賦している。

　　　直接作業時間　No.101：20 時間　　　No.102：70 時間　　　No.103：110 時間

2．製造指図書 No.100 は 5 月中に製造に着手し，5 月中に完成し，6 月 15 日に販売済みであり，製造原価の合計額は 254,000 円である。なお，5 月中に製造に着手したのは製造指図書 No.100 のみである。

3．No.103 の製造原価合計は No.102 の製造原価合計の 170％に相当する金額である。

[解答欄]

原 価 計 算 表

自　20X1 年 6 月 1 日　至　20X1 年 6 月 30 日　　　（単位：円）

	製造指図書			合　計
	No. 101	No. 102	No. 103	
前 月 繰 越	121,300	0	0	121,300
直接材料費	（　　　）	98,600	175,500	（　　　）
直接労務費	32,200	（　　　）	142,150	（　　　）
製造間接費	（　　　）	（　　　）	（　　　）	（　　　）
合　　　計	（　　　）	（　　　）	（　　　）	（　　　）
製造着手日	20X1.5.19	20X1.6.5	20X1.6.8	
完　成　日	20X1.6.4	—	20X1.6.28	
備　　　考	引渡済	未完成	未引渡	

66

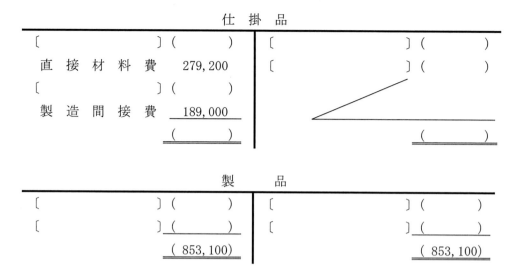

仕　掛　品

〔　　　　　　〕（　　　　）	〔　　　　　　　　〕（　　　　）
直　接　材　料　費　　279,200	〔　　　　　　　　〕（　　　　）
〔　　　　　　〕（　　　　）	
製　造　間　接　費　　189,000	
（　　　　）	（　　　　）

製　　　品

〔　　　　〕（　　　）	〔　　　　　　〕（　　　）
〔　　　　〕（　　　）	〔　　　　　　〕（　　　）
（ 853,100）	（ 853,100）

第9章 個別原価計算（４）—仕損と作業屑の処理—

① 仕損の発生とその後の対応

(1)仕損とは

　製品の製造過程で何らかのミスが発生し，当初の計画通りに製品を正しく完成させられないことを**仕損**（しそんじ）という。仕損は製造工程のさまざまな場面で発生し，例えば，材料投入時に分量や種類を間違えるミスや，部品の取付ミス，加工時に加工面以外に傷をつけてしまったケースなどが考えられる。原価計算上，仕損が発生した仕掛品は**仕損品**として，良品（完成品および月末仕掛品）とは区別される。

　仕損が発生した場合，仕損の程度によってその後の対応が異なる。すなわち，仕損の程度が軽微な場合には，補修を行うことで良品とすることができる。一方で，仕損の程度が深刻で補修では対応できない場合には，仕損品を廃棄したうえで最初から製造をやり直すことによって仕損品の代替品を製造することになる。

(2)補修で対応する場合

　補修を行う場合には，現在の製造指図書とは別に新たに**補修指図書**を作成する。補修指図書は，補修に伴って追加的に発生する直接材料費，直接労務費，直接経費，製造間接費を記載するものであり，元々の製造指図書との関連性をわかりやすくするため，No.10-1やNo.13-2というように枝番を付けて表示することが多い。補修で対応する場合，次の仕訳を行い，**仕損費**を計上する。仕掛品の金額は補修指図書に集計された製造原価となる。

　　（借）仕損費　×××　（貸）仕掛品　×××

　補修指図書に記載された製造原価は仕損費として，もともと発行されていた製造指図書に記載された製造原価に加えられる（例題9-2参照）。

(3)最初から製造をやり直す場合

補修での対応が困難なため，最初から製造をやり直す場合には，新たに製造指図書を発行する。この場合も補修指図書の場合と同様に枝番を付けて，元の製造指図書との関連性をわかりやすくする。製造をやり直すことに伴って発生する直接材料費，直接労務費，直接経費，製造間接費はすべて新たに発行した製造指図書に記載する。

製造をやり直す場合，次の仕訳を行って仕損が発生する時点までに発生した製造原価を仕損費として計上する。

（借）仕損費　×××　（貸）仕掛品　×××

なお，仕損品は製品としては販売することができなくても一定額で売却可能な場合がある。例えば，銅製のタンブラーを製造する過程で作業ミスが発生して仕損品になった場合，仕損品はスクラップとして売却可能である。仕損品に評価額（見積売却額）がある場合には，評価額を仕損費から控除するため，仕訳は次のようになる。

（借）仕損費　×××　（貸）仕掛品　×××
　　　仕損品　×××

代替品製造のための新たな製造指図書が発行された時点で，仕損品となった元の製造指図書に記載されていた製造原価を代替品の製造指図書に仕損費として加える（例題9-2参照）。

〔例題 9-1〕

次の(1)と(2)について仕訳を行いなさい。

(1)　製造指図書 No.11 で仕損が発生した。仕損の程度は軽微であるため補修を行うことになり，製造指図書 No.11-1 を発行した。なお，補修に要した費用は材料費が 12,500 円，労務費が 8,300 円であった。

(2)　製造指図書 No.12 で仕損が発生した。補修で対応することが困難なため，製造指図書 No.12-1 を発行して，製造を最初からやり直すことになった。仕損発生時点で No.12 に集計された製造原価は 142,000 円であった。なお，仕損品は 22,000 円で売却可能と見積もられている。

●解答●

(1)　（借）仕　損　費　20,800　（貸）仕　掛　品　20,800
(2)　（借）仕　損　費　120,000　（貸）仕　掛　品　142,000
　　　　　　仕　損　品　22,000

【解説】

(2)　仕損が発生し，製造をやり直す場合，仕損発生時点までに集計されていた原価をすべて仕損費に振り替えるために仕掛品を貸方に仕訳する。仕損費は 142,000 円だが，仕損品の評価額があるためこの部分を控除する。

⇒基本練習問題 9-1 を解答

〔例題 9-2〕

　X 社は製造指図書 No.100，No.101，No.102 の製造を行っている。このうち，No.101 は製造工程で一部に仕損が発生したが補修を行うことで完成品とすることが可能なため補修指図書 No.101-1 を発行した。No.102 も同様に製造工程で仕損が発生したが，補修は困難であることから代用品を製造することになり製造指図書 No.102-1 を発行した。なお，No.102 については仕損品の売却見積額は 23,000 円である。このとき，次の原価計算表を完成させなさい。

●解答●

原 価 計 算 表

自　20X1 年 6 月 1 日　至　20X1 年 6 月 30 日

	製造指図書					合　計
	No. 100	No. 101	No. 101-1	No. 102	No. 102-1	
前 月 繰 越	38,000	0	0	0	0	38,000
直接材料費	6,000	75,000	20,000	89,000	92,000	282,000
直接労務費	65,000	102,000	34,000	72,000	167,000	440,000
直 接 経 費	10,000	0	0	0	0	10,000
製造間接費	52,000	123,000	6,000	27,000	88,000	296,000
小　　　計	171,000	300,000	60,000	188,000	347,000	1,066,000
評 価 額	0	0	0	△23,000	0	△23,000
仕 損 費	0	60,000	△60,000	△165,000	165,000	0
合　　　計	171,000	360,000	0	0	512,000	1,043,000
製造着手日	20X1.5.21	20X1.6.1	20X1.6.14	20X1.6.11	20X1.6.19	
完 成 日	20X1.6.8	20X1.6.20			—	
備　　　考	引渡済	未引渡	No. 101 へ	No. 102-1 へ	未完成	

【解説】

　No.101-1 は補修指図書だから，No.101-1 に集計された原価は最終的に No.101 に加算する。No.101-1 の小計欄より No.101 の補修に要した製造原価は 60,000 円とわかるため，全額を仕損費として No.101 に加算する。この際に，No.101-1 の仕損費の欄に△ 60,000 円を記入することで，No.101-1 の合計を 0 円とする処理を合わせて行い，No.101 に仕損費として加算した旨を備考に記入する。

No.102-1 は製造のやり直しによって新たに発行した製造指図書だから，仕損発生時点までに発生した No.102 の製造原価の全額を仕損費として No.102-1 に加算する。No.102 の小計欄より仕損が発生するまでの製造原価は 188,000 円とわかるが，仕損品には 23,000 円の評価額があることからこの分を仕損費から減額し，No.102 の正味の仕損費は 165,000 円となる。

⇒基本練習問題 9-2 を解答

2 作業屑の処理

　製造過程の中で必然的に発生する廃棄物のうち売却価値があるものを特に**作業屑**という。例えば，正方形の鉄板をくり抜いて円形の鉄板を作りたい場合，くり抜かれた後の正方形の鉄板が作業屑となる。廃棄物であることに違いはないが，スクラップとしての売却価値がある。

　作業屑が発生した場合の処理は，売却価値を事前に見積っているか否かによって変わってくる。事前に見積っている場合には，見積額を製造原価から控除（仕掛品を貸方に仕訳）する仕訳を行う。ただし，この時点では売却価値を見積っただけであり，まだ売却して現金を得たわけではないので借方に現金は現れない。借方には作業屑（資産）が現れて，実際に見積った価格で売却が完了した時点で初めて現金が仕訳に現れる。一方で，事前に見積っていない場合には，作業屑の売却額を雑益として計上する。この場合，仕訳に作業屑は現れない。

〔例題 9-3〕
　次の(1)と(2)の仕訳を行いなさい。
　(1)　製造指図書 No.18 で作業屑が発生し，作業屑の評価額は 5,000 円と見積られた。
　(2)　製造指図書 No.19 で作業屑が発生し，スクラップを売却したところ現金 1,500 円を得た。なお，製造指図書 No.19 の作業屑の売却価値を事前に見積っていなかった。

●解答●
　(1)　（借）作業屑　5,000　（貸）仕掛品　5,000
　(2)　（借）現　金　1,500　（貸）雑　益　1,500

⇒基本練習問題 9-3 を解答

第 9 章　基本練習問題

問題 9-1 次の(1)〜(3)について仕訳を行いなさい。

(1) 製造指図書 No. 5 において補修で対応することが困難な仕損が発生したため，新たに製造指図書 No.5-1 を発行して，製造を最初からやり直した。仕損発生時点で No. 5 に集計された製造原価は 195,000 円であった。なお，仕損品は 9,000 円で売却可能と見積られた。

(2) 製造指図書 No. 6 において軽微な仕損が発生したため補修で対応することになり，新たに補修指図書 No.6-1 を発行した。なお，補修にあたり，材料費 3,400 円と労務費 2,100 円が発生した。

(3) 製造指図書 No. 7 では同種の製品を 5 個製造する予定だったがそのうち 1 個で仕損が発生し，補修は困難なことから仕損品となった。代用品 1 個を製造するため，新たに製造指図書 No.7-1 を発行した。なお，仕損が発生する時点までに発生した製造原価の内訳は，材料費 18,000 円，労務費 15,000 円である。また，仕損品の売却見積額は 1,000 円である。

[解答欄]

	借　　方	金　　額	貸　　方	金　　額
(1)				
(2)				
(3)				

問題 9-2 次の資料に基づき，原価計算表の空欄に適切な数値を記入し，原価計算表を完成させなさい。

《資料》

1. 製造指図書 No.202 で仕損が発生した。補修によって良品にすることが困難であることから，No.202 の全部を仕損とし，最初から製造をやり直すために製造指図書 No.202-2 を発行した。なお，仕損品の評価額が 17,000 円ある。
2. 製造指図書 No.203 で仕損が発生したが，仕損の程度が軽微であることから補修によって良品とすることにした。補修指図書 No.203-1 を発行した。

[解答欄]

原 価 計 算 表
自　20X1 年 6 月 1 日　至　20X1 年 6 月 30 日

	製造指図書					合 計
	No. 201	No. 202	No. 202-2	No. 203	No. 203-1	
前 月 繰 越	46,000	0	0	0	0	46,000
直 接 材 料 費	2,000	104,000	100,000	93,000	6,000	305,000
直 接 労 務 費	33,000	41,000	94,000	56,000	4,000	228,000
直 接 経 費	0	25,000	25,000	3,000	0	53,000
製 造 間 接 費	32,000	47,000	61,000	52,000	2,000	194,000
小　　　計						
評 価 額						
仕 損 費						
合　　　計						
製 造 着 手 日	20X1.5.23	20X1.6. 5	20X1.6.13	20X1.6.19	20X1.6.22	
完 成 日	20X1.6.11		20X1.6.27	―		
備 考	引渡済	No.202-2 へ	未引渡	未完成	No.203 へ	

問題 9-3 次の(1)～(3)の仕訳を行いなさい。

(1) 製造指図書 No.54 の製造過程で作業屑 10kg が発生した。作業屑の評価額（売却見積額）は 1 kg あたり 200 円と見積られた。

(2) (1)の作業屑のうち 4 kg を売却し，代金は現金で受け取った。

(3) 製造指図書 No.55 で作業屑が発生し，作業屑を売却して現金 500 円を受け取った。なお，作業屑の売却額について，事前に見積りを行っていなかった。

[解答欄]

	借　　方	金　　額	貸　　方	金　　額
(1)				
(2)				
(3)				

第9章　発展練習問題

問題 9-4 A社では実際個別原価計算を行っており，前月から当月にかけて製造指図書
No.501～504 の製造を行った。次の資料と原価計算表（一部）に基づき，当月
末時点の仕掛品勘定および製品勘定の〔　　〕に適切な語句を，（　　）に適
切な数値を記入して完成させなさい。

《資料１》
　　製造指図書 No.502-2 は，製造指図書 No.502 の製造において発生した仕損の程度が重く
補修で対応することは困難であることから発行されたものである。なお，仕損品の評価額
は 13,000 円であり，この仕損品評価額は完成品原価から控除する。また，製造指図書
No.504-1 は製造指図書 No.504 の製造において補修によって回復可能な仕損が発生したこ
とに伴って発行された補修指図書である。

《資料２》
　　製造指図書 No.501 は前月中に製造に着手し，前月中に完成している。製造指図書 No.
502-1 に集計された原価は 87,000 円であった。製造指図書 No.501 と No.502-1 は当月中に
顧客に引き渡し済みである。

《資料３》
　　原価計算表（一部のみ記載）は次の通りである。

| | 製造指図書 | | | | | |
	No. 502	No. 502-1	No. 503	No. 504	No. 504-1	合計
前 月 繰 越	25,000	0	0	0	0	25,000
直接材料費	11,000	24,000	44,000	67,000	10,000	156,000
直接労務費	23,000	21,000	57,000	45,000	12,000	158,000
直 接 経 費	2,000	3,000	0	5,000	2,000	12,000
製造間接費	19,000	26,000	36,000	48,000	14,000	143,000
製造着手日	20X1.6.23	20X1.7.5	20X1.7.13	20X1.7.19	20X1.7.22	
完 成 日	—	20X1.7.19	20X1.7.25	—	—	

[**解答欄**]

仕　掛　品

前 月 繰 越 （　　　　）	〔　　　　　　　　〕 （　　　　）
直 接 材 料 費 （　　　　）	〔　　　　　　　　〕 （　　　　）
直 接 労 務 費 （　　　　）	〔　　　　　　　　〕 （　　　　）
直 接 経 費 （　　　　）	
製 造 間 接 費 （　　　　）	
（　　　　）	（　　　　）

製　　品

〔　　　　　　　〕 （　　　　）	〔　　　　　　　〕 （　　　　）
〔　　　　　　　〕 （　　　　）	〔　　　　　　　〕 （　　　　）
（　　　　）	（　　　　）

第 10 章 部門別原価計算（１）―直接配賦法―

【第 10 章の到達目標】

・部門別計算の必要性を理解したうえで，部門別計算の基礎概念となる製造部門と補助部門，部門個別費と部門共通費，部門共通費の配賦方法について学ぶ。

・直接配賦法によって製造間接費の製造部門への配賦計算をできるようにする。

---

1 部門別計算の必要性

(1)単一の基準で製造間接費を配賦することの問題点

　第 6 章では製造間接費を単一の配賦基準で製造指図書に配賦する方法を学んだ。この方法は簡便だが正確性に問題がある。すなわち，製造間接費には間接材料費から棚卸減耗損，減価償却費，固定資産税までさまざまな種類がありその性格も大きく異なるが，これらをひとくくりにして，例えば直接作業時間という単一の基準で配賦計算を行うことに果たして合理性があるのかという問題である。工員の福利厚生施設負担額を製造指図書に配賦するのであれば，直接作業時間よりも従業員数で配賦した方が適切であることは明らかであろう。

　このように，製造間接費の種類ごとに適切な配賦基準を選択して，より精緻に製造間接費を配賦しようとする原価計算の手法が第 10 章と第 11 章で学ぶ**部門別原価計算**である。第 6 章で学んだ単一基準で製造間接費を配賦する方法も，部門別原価計算も最終的に製造間接費を製造指図書に配賦しようという目的は同一である。しかしながら，そのプロセスが異なり，部門別原価計算では「部門」という計算単位を新たに設けて複数のステップを経ることでより詳細な計算を行う。

(2)製造部門と補助部門

　ある程度規模の大きな工場では工場内にさまざまな部門が設けられて，それぞれ業務を分担している。これらの部門は**製造部門**と**補助部門**とに分けられている。

　製造部門は，製品の製造に直接的に関与する部門であり，切削部門，組立部門などが代表的である。第一製造部，第二製造部などのように番号で区分して，各部が切削や組立などを担当している場合もある。

　これに対して，製品の製造には直接的に関与せずに後方支援を行う部門が補助部門である。工場内の機械設備の修繕を担当する修繕部門，工場内で使用する動力を供給する動力部門，工場の受付業務や工員の給与計算を行う工場事務部門などが補助部門の代表的な例である。

(3)部門個別費と部門共通費

　製造間接費は工場内のさまざまな部門から発生するが，発生部門が特定できる製造間接費と，複数の部門にまたがって発生する製造間接費がある。前者を**部門個別費**と呼ぶ。例えば，組立作業で使用する消耗工具器具備品（ドライバーやスパナ）は間接材料費であるが，これらは明らかに組立部門で発生するとわかる。一方で，後者を**部門共通費**と呼ぶ。例えば，工場建物の減価償却費や福利厚生費などは工場内のすべての部門にまたがって発生する。

　部門個別費は発生する部門が明らかなので発生額全額が当該部門に配賦される（これを「**直課**」という）。一方，部門共通費はそれぞれの部門共通費の性質を考慮したうえで最適な配賦基準を個別に選択し，部門共通費が共通して発生している各部門に配賦される。

(4)部門別原価計算の全体像（直接配賦法の場合）

　部門別原価計算は図表 10-1 に示すように製造間接費を，第 1 段階と第 2 段階の 2 つのステップを経て，最終的に製造部門に配賦することを目的として行われる。第 2 段階の配賦の方法によって**直接配賦法**と**相互配賦法**（第 11 章で学習）の 2 つの方法がある。

図表 10-1　直接配賦法による製造間接費の配賦

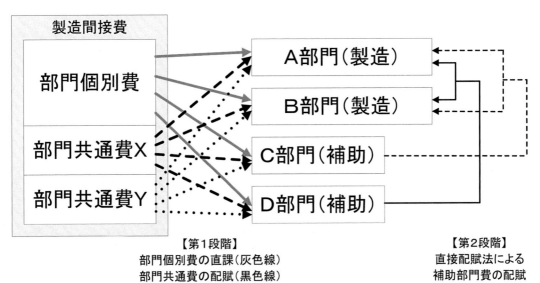

第1段階では部門個別費はA〜Dの各部門に直課される一方で，部門共通費Xと部門共通費Yはそれぞれに最適な配賦基準を選択したうえで，A〜Dの各部門に配賦される。A〜Dの各部門には部門個別費と，部門共通費XとYの配賦額が集計され，A部門費，B部門費，C部門費およびD部門費と呼ばれる。

第2段階では補助部門であるC部門費とD部門費について，第1段階と同様の配賦基準を用いて製造部門であるA部門とB部門に配賦する。したがって，製造間接費（部門個別費＋部門共通費X＋部門共通費Y）は，最終的にA部門とB部門に配賦されることになる。これが部門別原価計算の全体像となる。以下では第1段階と第2段階について詳しく学ぶ。

② 部門共通費の配賦

(1)部門共通費の配賦計算

部門別原価計算の第1段階では部門共通費を各部門に配賦する手続きが重要になる。部門共通費の性質を考慮したうえで最適な配賦基準を選択するが，日商簿記検定2級の試験問題ではあらかじめどの配賦基準を用いて部門共通費を各部門に配賦すべきかの指示がある場合が多い。

〔例題10-1〕

次の資料に基づき，製造間接費部門別配賦表（一部）を作成することによって，製造間接費を切削部門・組立部門・修繕部門・工場事務部門にそれぞれ配賦しなさい。なお，建物固定資産税は専有面積，福利厚生施設負担額は従業員数によって配賦すること。

《資料1》製造間接費の発生状況（単位：円）

		製造部門		補助部門	
		切削部門	組立部門	修繕部門	工場事務部門
部門個別費		24,720	31,675	17,395	21,710
部門共通費	建物固定資産税	16,000			
	福利厚生施設負担額	6,500			

《資料2》部門共通費の配賦基準

	合 計	切削部門	組立部門	修繕部門	工場事務部門
専有面積	125㎡	60㎡	50㎡	10㎡	5㎡
従業員数	80人	32人	36人	4人	8人

●解答●

製造間接費部門別配賦表　　　　（単位：円）

摘　要	配賦基準	合　計	製造部門		補助部門	
			切削部門	組立部門	修繕部門	工場事務部門
部門個別費		95,500	24,720	31,675	17,395	21,710
部門共通費						
建物固定資産税	専有面積	16,000	7,680	6,400	1,280	640
福利厚生施設負担額	従業員数	6,500	2,600	2,925	325	650
部　門　費		118,000	35,000	41,000	19,000	23,000

【解説】

　部門共通費（建物固定資産税 16,000 円と福利厚生施設負担額 6,500 円）を資料 2 のデータを用いて以下のように配賦し，部門個別費と合算することで最終的な部門費を計算する。

　　・建物固定資産税

　　　　切削部門　$16,000 \times 60 \div 125 = 7,680$　　　組立部門　$16,000 \times 50 \div 125 = 6,400$

　　　　修繕部門　$16,000 \times 10 \div 125 = 1,280$　　　工場事務部門　$16,000 \times 5 \div 125 = 640$

　　・福利厚生施設負担額

　　　　切削部門　$6,500 \times 32 \div 80 = 2,600$　　　組立部門　$6,500 \times 36 \div 80 = 2,925$

　　　　修繕部門　$6,500 \times 4 \div 80 = 325$　　　工場事務部門　$6,500 \times 8 \div 80 = 650$

(2)配賦完了後の仕訳

　図表 10-1 の第 1 段階の処理（直課と部門共通費の配賦）を通じて，製造間接費を各部門に配賦することによって，製造間接費が各部門費に振り替えられる。そこで，次の仕訳を行う。

　　（借）A 部門費（製造）　×××　（貸）製造間接費　×××

　　　　　B 部門費（製造）　×××

　　　　　C 部門費（補助）　×××

　　　　　D 部門費（補助）　×××

〔例題 10-2〕

　例題 10-1 で作成した製造間接費部門別配賦表（一部）を用いて，製造間接費を各部門費に振り替える仕訳を行いなさい。

●解答●

（借）切 削 部 門 費　35,000　（貸）製 造 間 接 費　118,000
　　　組 立 部 門 費　41,000
　　　修 繕 部 門 費　19,000
　　　工 場 事 務 部 門 費　23,000

⇒基本練習問題 10-1 を解答

 3　直接配賦法

(1)直接配賦法の計算方法

　第 1 段階の処理によって製造間接費は各部門に配賦されたが，さらに補助部門費を製造部門に配賦する手続きが必要になる。これが部門別原価計算の第 2 段階となる。第 2 段階の配賦計算を行う理由は，補助部門は製造部門や他の補助部門の後方支援を行っていることから，補助部門費は補助部門の後方支援を受けた製造部門に負担させるべきという考え方に基づくものである。

　第 2 段階で補助部門費を製造部門だけに配賦する方法が**直接配賦法**であり，補助部門費を製造部門と，自部門以外の補助部門に配賦する方法が**相互配賦法**である。

　直接配賦法と相互配賦法においてこのような計算方法の違いが生じる要因は，補助部門が別の補助部門に対して行う後方支援をどのように考えるかの違いによる。例えば，工場事務部門では実際には製造部門だけではなく補助部門の従業員の賃金・給与計算なども行っているが，補助部門に対する後方支援を無視して計算するのが直接配賦法であり，考慮に入れて計算するのが相互配賦法である。したがって，直接配賦法では工場事務部門の職員は製造部門の後方支援だけを行い，補助部門に対してはまったく後方支援を行っていないと仮定して配賦計算を進めることになる。

〔例題 10-3〕

　次の資料に基づき，直接配賦法によって製造間接費部門別配賦表を作成し，補助部門費（修繕部門費 19,000 円，工場事務部門費 23,000 円）を製造部門に配賦しなさい。

《資料 1》製造間接費部門別配賦表（一部）

製造間接費部門別配賦表　　　　　　　　（単位：円）

摘　要	配賦基準	合　計	製造部門		補助部門	
			切削部門	組立部門	修繕部門	工場事務部門
部門個別費		95,500	24,720	31,675	17,395	21,710
部門共通費		22,500	10,280	9,325	1,605	1,290
部　門　費		118,000	35,000	41,000	19,000	23,000

《資料 2》補助部門費の配賦基準

	配賦基準	切削部門	組立部門	修繕部門	工場事務部門
修　繕　部　門	修繕回数	17 回	21 回	—	2 回
工場事務部門	従業員数	53 人	39 人	8 人	15 人

●解答●

製造間接費部門別配賦表　　　　　　　　（単位：円）

摘　要	配賦基準	合　計	製造部門		補助部門	
			切削部門	組立部門	修繕部門	工場事務部門
部門個別費		95,500	24,720	31,675	17,395	21,710
部門共通費		22,500	10,280	9,325	1,605	1,290
部　門　費		118,000	35,000	41,000	19,000	23,000
修　繕　部　門	修繕回数	19,000	8,500	10,500		
工場事務部門	従業員数	23,000	13,250	9,750		
製造部門費		118,000	56,750	61,250		

【解説】

　補助部門費（修繕部門費と工場事務部門費）を配賦基準に従って，切削部門と組立部門に配賦する。

　　修繕部門費を切削部門に配賦　19,000 × 17 ÷ 38 ＝ 8,500　（答）　8,500 円

　　修繕部門費を組立部門に配賦　19,000 × 21 ÷ 38 ＝ 10,500　（答）10,500 円

　　工場事務部門費を切削部門に配賦　23,000 × 53 ÷ 92 ＝ 13,250　（答）13,250 円

　　工場事務部門費を組立部門に配賦　23,000 × 39 ÷ 92 ＝ 9,750　（答）　9,750 円

　配賦計算における分母の数字（網掛け部分）に注意する。直接配賦法では，補助部門は製造部門の後

方支援のみを行っていて，補助部門同士の後方支援は無視している。配賦計算にあたり補助部門の修繕回数や従業員数は無視し，製造部門のみの修繕回数や従業員数で計算する必要がある。

(2)直接配賦法で必要とされる仕訳

部門別原価計算の第2段階で補助部門費を製造部門費に配賦する計算が完了したら，補助部門費を製造部門費に振り替えるために，次の仕訳を行う。

（借）A部門費（製造）×××　（貸）C部門費（補助）×××
　　　B部門費（製造）×××　　　　D部門費（補助）×××

また，最終的に製造間接費が製造部門に配賦された後で，製造部門の部門費を仕掛品勘定に振り替えるために，次の仕訳を行う。なお，仕掛品勘定に集計された原価は各製造指図書に配賦されるがこれについては第11章であらためて学ぶ。

（借）仕　　　掛　　　品　×××　（貸）A部門費（製造）×××
　　　　　　　　　　　　　　　　　　　B部門費（製造）×××

〔例題 10-4〕

例題10-3で作成した製造間接費部門別配賦表を用いて，①補助部門費を製造部門費に振り替える仕訳と，②製造部門費を仕掛品勘定に振り替える仕訳を行いなさい。

●解答●

① （借）切 削 部 門 費　21,750　（貸）修 繕 部 門 費　19,000
　　　　　組 立 部 門 費　20,250　　　　工場事務部門費　23,000
② （借）仕　　　掛　　　品　118,000　（貸）切 削 部 門 費　56,750
　　　　　　　　　　　　　　　　　　　　　　組 立 部 門 費　61,250

⇒基本練習問題 10-2 を解答

第 10 章 基本練習問題

問題 10-1 次の資料に基づき，製造間接費部門別配賦表（一部）を作成することによって，製造間接費を切削部門・組立部門・修繕部門・工場事務部門にそれぞれ配賦しなさい。また，製造間接費を各部門費に振り替える仕訳を示しなさい。なお，部門共通費の配賦基準は資料の中から最適なものを各自選択すること。

《資料１》製造間接費の発生状況（単位：円）

		製造部門		補助部門	
		切削部門	組立部門	修繕部門	工場事務部門
部門個別費		198,550	250,100	63,300	32,550
部門共通費	建物固定資産税	64,000			
	建物減価償却費	152,000			
	福利厚生施設負担額	31,500			
	電気料金	88,000			

《資料２》部門共通費の配賦基準

	合 計	切削部門	組立部門	修繕部門	工場事務部門
専有面積	320 ㎡	110 ㎡	140 ㎡	40 ㎡	30 ㎡
従業員数	35 人	12 人	18 人	3 人	2 人
電力消費量	4,400kwh	1,320kwh	1,960kwh	850kwh	270kwh

［解答欄］

製造間接費部門別配賦表 （単位：円）

摘　要	配賦基準	合　計	製造部門		補助部門	
			切削部門	組立部門	修繕部門	工場事務部門
部門個別費		544,500	198,550	250,100	63,300	32,550
部門共通費						
建物固定資産税						
建物減価償却費						
福利厚生施設負担額						
電 気 料 金						
部 門 費						

借　方	金　額	貸　方	金　額

問題 10-2　次の問いに答えなさい。

問1　資料に基づき，直接配賦法によって製造間接費部門別配賦表を作成することによって，製造間接費を切削部門・組立部門・修繕部門・工場事務部門にそれぞれ配賦しなさい。

問2　補助部門費を製造部門費に振り替える仕訳を示しなさい。

問3　製造部門費を仕掛品に振り替える仕訳を示しなさい。

《資料1》製造間接費の発生状況（単位：円）

		製造部門		補助部門	
		切削部門	組立部門	修繕部門	工場事務部門
部門個別費		58,500	62,000	20,500	24,000
部門共通費	建物減価償却費	100,000			
	福利厚生施設負担額	20,000			
	電気料金	50,000			

《資料2》部門共通費の配賦基準

	合計	切削部門	組立部門	修繕部門	工場事務部門
専有面積	500 ㎡	150 ㎡	250 ㎡	60 ㎡	40 ㎡
従業員数	40 人	15 人	20 人	3 人	2 人
電力消費量	5,000kwh	2,400kwh	1,800kwh	600kwh	200kwh

《資料3》補助部門費の配賦基準

	配賦基準	切削部門	組立部門	修繕部門	工場事務部門
修繕部門	修繕回数	9 回	7 回	—	4 回
工場事務部門	従業員数	15 人	20 人	3 人	2 人

[解答欄]

問1

製造間接費部門別配賦表

(単位：円)

摘　要	配賦基準	合　計	製造部門		補助部門	
			切削部門	組立部門	修繕部門	工場事務部門
部門個別費		165,000	58,500	62,000	20,500	24,000
部門共通費						
建物減価償却費						
福利厚生施設負担額						
電　気　料　金						
部　門　費						
修繕部門	修繕回数					
工場事務部門	従業員数					
製造部門費						

問2

借　　方	金　　額	貸　　方	金　　額

問3

借　　方	金　　額	貸　　方	金　　額

第 10 章　発展練習問題

問題 10-3　次の資料を参考にして，切削部門と組立部門の部門費を答えなさい。ただ
し，製造間接費の配賦は直接配賦法によって行うこと。なお，当社の製造部
門は切削部門と組立部門のみである。また，部門共通費および補助部門費の
配賦基準は適切なものを選択すること。

《資料１》製造間接費の発生状況
- ・工作機械を修理するために使用するスパナとドライバー　3,000 円
- ・切削部門の工作機械の機械油　500 円
- ・従業員の福利厚生費　90,000 円
- ・組立作業用手袋　1,000 円
- ・切削用工作機械の減価償却費　12,000 円
- ・修繕部門の従業員の賃金合計額　12,830 円
- ・工場建物の減価償却費　160,000 円
- ・工場事務部門の従業員の賃金合計額　8,900 円
- ・組立用工作機械の減価償却費　15,000 円
- ・直接工（組立部門所属）の手待ち時間　5 時間（賃率は 900 円 / 時）

《資料２》部門共通費の配賦基準

	合　計	切削部門	組立部門	修繕部門	工場事務部門
専有面積	625 ㎡	190 ㎡	340 ㎡	70 ㎡	25 ㎡
従業員数	24 人	9 人	10 人	3 人	2 人

《資料３》補助部門費の配賦基準

	配賦基準	切削部門	組立部門	修繕部門	工場事務部門
修 繕 部 門	修繕回数	14 回	10 回	—	1 回
工場事務部門	従業員数	9 人	10 人	3 人	2 人

[解答欄]

切削部門費　⬜　円

組立部門費　⬜　円

第11章 部門別原価計算（２）―相互配賦法―

【第11章の到達目標】

・相互配賦法によって製造間接費の製造部門への配賦計算をできるようにする。

・部門別原価計算で計算した製造部門費を製造指図書に配賦する手続きを理解する。

・製造部門費の予定配賦と製造部門費配賦差異の処理方法について学ぶ。

1 相互配賦法

(1)直接配賦法と相互配賦法の共通点と相違点

　第10章で学んだ直接配賦法と，第11章で学ぶ相互配賦法（本書では，日商簿記２級の範囲である簡便法のみを学ぶ）は，製造間接費を製造部門へ配賦するという目的は同じであり，部門共通費を配賦して各部門費を計算する段階まではまったく同じ計算プロセスである。また，補助部門費を製造部門費に振り替える仕訳と，製造部門費を仕掛品勘定に振り替える仕訳も直接配賦法の場合とまったく同じである。

　両者が異なるのは，補助部門費を製造部門費へ配賦する計算プロセスである。直接配賦法では，補助部門同士の後方支援は無視して，補助部門は製造部門の後方支援のみを行うものと仮定し，補助部門費は製造部門費だけに配賦されていた。これに対し，相互配賦法では，補助部門同士の後方支援も考慮したうえで計算を行う。このため，計算プロセスは複雑になるが，より正確に製造間接費を配賦することが可能になる。また，実際には補助部門同士の後方支援が行われていることを鑑みれば，これらを考慮することで，より実態に即した計算方法であるといえる。

(2)相互配賦法の計算プロセス

　相互配賦法の計算プロセスを図示したのが次頁の図表11-1である。図中の第１段階の計算は直接配賦法と同じである。第２段階として補助部門費を製造部門と自部門以外の他の補助部門へ配賦する計算（補助部門費の第１次配賦），第３段階として補助部門費を製造部門へ配賦する計算（補助部門費の第２次配賦）がそれぞれ行われる。

図表 11-1　相互配賦法による製造間接費の配賦

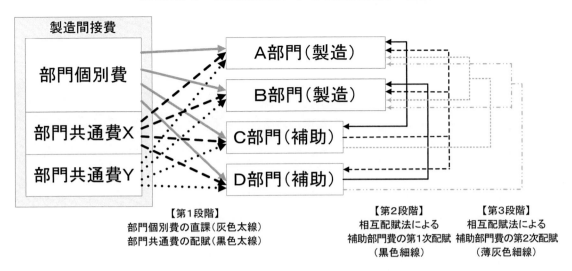

第 2 段階の計算は，補助部門費（C 部門と D 部門の部門費）を次のように配賦する。ここで，重要な点は，補助部門費を自部門以外の補助部門に対しても配賦を行う点である。

{ C 部門費…A 部門，B 部門，D 部門に配賦
{ D 部門費…A 部門，B 部門，C 部門に配賦

第 3 段階の計算は，次のように補助部門費を製造部門に配賦するが，この計算方法は直接配賦法の第 2 段階の計算とまったく同じである。

{ 第 2 段階で計算した C 部門費…A 部門，B 部門に配賦
{ 第 2 段階で計算した D 部門費…A 部門，B 部門に配賦

〔例題 11-1〕

次の資料に基づき，相互配賦法（簡便法）によって製造間接費部門別配賦表を作成し，補助部門費（修繕部門費 19,000 円，工場事務部門費 23,000 円）を製造部門に配賦しなさい。なお，計算の過程で割り切れない時は，円位未満を四捨五入して計算を進めること。

《資料 1》製造間接費部門別配賦表（一部）

製造間接費部門別配賦表　　　　　　　（単位：円）

摘　　要	合　　計	製造部門		補助部門	
		切削部門	組立部門	修繕部門	工場事務部門
部門個別費	95,500	24,720	31,675	17,395	21,710
部門共通費	22,500	10,280	9,325	1,605	1,290
部　門　費	118,000	35,000	41,000	19,000	23,000

《資料２》補助部門費の配賦基準

	配賦基準	切削部門	組立部門	修繕部門	工場事務部門
修 繕 部 門	修繕回数	17 回	21 回	—	2 回
工場事務部門	従業員数	53 人	39 人	8 人	15 人

●解答●

製造間接費部門別配賦表
(単位：円)

摘　　要	合　計	製造部門		補助部門	
		切削部門	組立部門	修繕部門	工場事務部門
部 門 個 別 費	95,500	24,720	31,675	17,395	21,710
部 門 共 通 費	22,500	10,280	9,325	1,605	1,290
部 門 費	118,000	35,000	41,000	19,000	23,000
第 1 次 配 賦					
修 繕 部 門 費	19,000	8,075	9,975	—	950
工場事務部門費	23,000	12,190	8,970	1,840	—
第 2 次 配 賦				1,840	950
修 繕 部 門 費	1,840	823	1,017		
工場事務部門費	950	547	403		
製 造 部 門 費	118,000	56,635	61,365		

【解説】

①補助部門費の第１次配賦

　補助部門費を資料２の配賦基準に従って，次のように切削部門と組立部門に配賦する。ただし，相互配賦法なので，資料２では製造部門だけではなく，自部門を除いた補助部門の数値も含めた数値を用いて計算する。また，修繕部門費を修繕部門に配賦するというように，自部門には配賦しないので，製造間接費部門別配賦表の該当箇所には一線を入れる。

　　　・修繕部門費を切削部門に配賦　　$19,000 \times 17 \div (17 + 21 + 2) = 8,075$
　　　・修繕部門費を組立部門に配賦　　$19,000 \times 21 \div (17 + 21 + 2) = 9,975$
　　　・修繕部門費を工場事務部門に配賦　$19,000 \times 2 \div (17 + 21 + 2) = 950$
　　　・工場事務部門費を切削部門に配賦　$23,000 \times 53 \div (53 + 39 + 8) = 12,190$
　　　・工場事務部門費を組立部門に配賦　$23,000 \times 39 \div (53 + 39 + 8) = 8,970$
　　　・工場事務部門費を修繕部門に配賦　$23,000 \times 8 \div (53 + 39 + 8) = 1,840$

　なお，工場事務部門費の配賦基準が従業員数であることから，資料２の工場事務部門に15人という数字が入っているが，自部門には配賦しないので，分母を115（＝53＋39＋8＋15）としないように注意する。

②補助部門費の第 2 次配賦

　第 2 次配賦では，第 1 次配賦で算出された補助部門費（修繕部門 1,840 円と工場事務部門 950 円）を製造部門のみに配賦する。この計算方法は直接配賦法と同じであるから，資料 2 の数値のうち製造部門の数値のみを分母とすることに注意する。なお，いずれも割り切れないため円位未満で四捨五入する。

　　・修繕部門費を切削部門に配賦　　1,840×17÷(17＋21)＝823.15…
　　・修繕部門費を組立部門に配賦　　1,840×21÷(17＋21)＝1,016.84…
　　・工場事務部門費を切削部門に配賦　950×53÷(53＋39)＝547.28…
　　・工場事務部門費を組立部門に配賦　950×39÷(53＋39)＝402.71…

③製造部門費の計算

　資料 1 で与えられた製造間接費部門別配賦表と，補助部門費の第 1 次配賦および第 2 次配賦の結果より，切削部門費と組立部門費は次のように計算される。

　　・切削部門費：35,000＋8,075＋12,190＋823＋547＝56,635
　　・組立部門費：41,000＋9,975＋8,970＋1,017＋403＝61,365

　例題 11-1 は例題 10-3 と同じ資料に基づいている。例題 10-3 では直接配賦法によって製造間接費を製造部門に配賦し，切削部門費が 56,750 円，組立部門費が 61,250 円であったが，相互配賦法で配賦すると最終的な計算結果が若干異なることがわかる。

⇒基本練習問題 11-1 を解答

2　製造部門費の製造指図書への配賦

　製造間接費を直接配賦法または相互配賦法のいずれかで配賦して製造部門費を算定するだけでは部門別原価計算のプロセスは完了しない。製造部門費の 1 時間当たりの配賦率を計算したうえで製造部門費を各製造指図書に配賦し，製造指図書ごとに製造部門費を計上する必要がある。最終的に，製造指図書ごとに配賦された製造部門費を合計すると，製造指図書への製造間接費配賦額となる。

　この点を図示したのが図表 11-2 であり，この図は部門別原価計算の全体像を表している。例題 11-2 を用いて，製造部門費を製造指図書に配賦するプロセスについて確認しよう。

図表 11-2　部門別原価計算の全体像（例題 11-2 の数値を掲載）

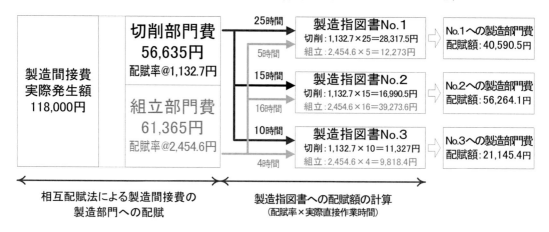

〔例題 11-2〕

製造間接費実際発生額 118,000 円を相互配賦法（簡便法）によって切削部門と組立部門に配賦したところ，切削部門費は 56,635 円，組立部門費は 61,365 円であった。直接作業時間（資料参照）を配賦基準として，これらの製造部門費を製造指図書 No.1・No.2・No.3 に配賦しなさい。

《資料》製造指図書ごとの直接作業時間

	No. 1	No. 2	No. 3	合計
切削部門	25 時間	15 時間	10 時間	50 時間
組立部門	5 時間	16 時間	4 時間	25 時間

●解答●

No.1 への製造部門費配賦額：40,590.5 円

No.2 への製造部門費配賦額：56,264.1 円

No.3 への製造部門費配賦額：21,145.4 円

【解説】

まず，製造部門費の部門別配賦率を計算する。切削部門費と組立部門費を切削部門と組立部門の月間の直接作業時間で割ることで各部門の配賦率を計算すると次のようになる。

切削部門：56,635 円 ÷ 50 時間 = 1,132.7 円 / 時

組立部門：61,365 円 ÷ 25 時間 = 2,454.6 円 / 時

上記の配賦率に各製造指図書で発生した切削および組立部門の直接作業時間をかければ製造指図書ごとの切削部門費と組立部門費の配賦額が計算できるから次のようになる。

No.1 への切削部門費配賦額：1,132.7 × 25 = 28,317.5

No.1 への組立部門費配賦額：2,454.6 × 5 = 12,273

No.2 への切削部門費配賦額：1,132.7 × 15 = 16,990.5

No. 2 への組立部門費配賦額：2,454.6×16＝39,273.6

No. 3 への切削部門費配賦額：1,132.7×10＝11,327

No. 3 への組立部門費配賦額：2,454.6×4＝9,818.4

したがって，製造指図書ごとに切削部門費配賦額と組立部門費配賦額を合算すれば製造部門費配賦額が計算できる。

なお，No. 1・No. 2・No. 3 の製造部門費配賦額を合計すると 118,000 円になる。これは当月の製造間接費の実際発生額と等しい。このことから，部門別原価計算の最終的な到達点は製造間接費の実際発生額を製造指図書に配賦することであるとわかる。

3　製造部門費の予定配賦

例題 11-2 のように製造間接費の実際発生額に基づいて製造部門費の配賦計算を行うと，月末になり製造間接費や製造部門費が把握できるまで配賦計算が行われないという欠点がある。そこで，製造部門費についても予定配賦を行うことが一般的である。すなわち，**部門別予定配賦率**を計算したうえで予定配賦を行い，月末に製造部門費の実際発生額が判明した時点で差異を調整し，製造部門費配賦差異を計上する。

製造部門費の配賦を直接作業時間で行っていると仮定すれば，部門別予定配賦率は次の式で計算する。

部門別予定配賦率＝各製造部門費予算額（年額)÷予定直接作業時間（年間）

月末になり製造部門費の実際発生額が判明した時点で予定配賦額と実際配賦額を比較し，両者の差額を**製造部門費配賦差異**として計上する。

（ア）予定配賦額 ＜ 実際配賦額…借方差異（不利差異）が発生

（借）製 造 部 門 費 配 賦 差 異　×××　（貸）○ ○ 製 造 部 門 費　×××

（イ）予定配賦額 ＞ 実際配賦額…貸方差異（有利差異）が発生

（借）○ ○ 製 造 部 門 費　×××　（貸）製 造 部 門 費 配 賦 差 異　×××

〔例題 11-3〕

次の資料に基づいて，切削部門費と組立部門費の製造指図書 No.21 および No.22 への予定配賦額を計算したうえで，切削部門費と組立部門費の No.21 および No.22 への実際配賦額と比較して製造部門費配賦差異を計上する仕訳を示しなさい。

《資料１》切削部門費と組立部門費の予定配賦に関する情報

     切削部門予算額（年額）…640,000 円

     組立部門予算額（年額）…550,000 円

     切削部門の予定直接作業時間（年間）……1,600 時間

     組立部門の予定直接作業時間（年間）……1,100 時間

《資料２》製造指図書 No.21 と No.22 の直接作業時間の内訳

	No.21	No.22	合計
切削部門	43 時間	67 時間	110 時間
組立部門	58 時間	37 時間	95 時間

《資料３》切削部門費と組立部門費の No.21 および No.22 への実際配賦額

     切削部門費　No.21：17,500 円　　No.22：26,700 円

     組立部門費　No.21：29,000 円　　No.22：18,200 円

●解答●

  切削部門費の No.21 への予定配賦額：17,200 円

  組立部門費の No.21 への予定配賦額：29,000 円

  切削部門費の No.22 への予定配賦額：26,800 円

  組立部門費の No.22 への予定配賦額：18,500 円

  （借）製造部門費配賦差異　200　（貸）切　削　部　門　費　200
       組　立　部　門　費　300　　　　製造部門費配賦差異　300

※借方と貸方の製造部門費配賦差異を相殺して次のように仕訳してもよい。

（借）組　立　部　門　費　300　（貸）切　削　部　門　費　200
                   製造部門費配賦差異　100

【解説】

資料１より切削部門と組立部門の予定配賦率を計算すると次のようになる。

  切削部門：640,000 円÷1,600 時間＝400 円／時

  組立部門：550,000 円÷1,100 時間＝500 円／時

したがって，予定配賦率に資料２の直接作業時間をかけて予定配賦額を計算すると，

　　切削部門費の No.21 への予定配賦額：400×43＝17,200 円

　　組立部門費の No.21 への予定配賦額：500×58＝29,000 円

　　切削部門費の No.22 への予定配賦額：400×67＝26,800 円

　　組立部門費の No.22 への予定配賦額：500×37＝18,500 円

　資料 3 より切削部門費と組立部門費の No.21 および No.22 への実際配賦額がわかるので，上記の予定配賦額と比較する。

　　切削部門費 No.21　予定配賦額 17,200 ＜ 実際配賦額 17,500　300 円の借方差異

　　切削部門費 No.22　予定配賦額 26,800 ＞ 実際配賦額 26,700　100 円の貸方差異

　　組立部門費 No.21　予定配賦額 29,000 ＝ 実際配賦額 29,000　差異なし

　　組立部門費 No.22　予定配賦額 18,500 ＞ 実際配賦額 18,200　300 円の貸方差異

　切削部門費は No.21 が借方差異，No.22 が貸方差異であるから，差異を相殺すると 200 円の借方差異となる。また，組立部門費は 300 円の貸方差異となる。

⇒基本練習問題 11-2 を解答

第11章　基本練習問題

問題 11-1　次の資料を参考にして，相互配賦法（簡便法）によって，製造間接費部門別配賦表を完成させなさい。ただし，各部門の部門個別費および部門共通費については記入済みである。

	配賦基準	切削部門	組立部門	修繕部門	工場事務部門
修 繕 部 門	修繕回数	125	75	—	15
工場事務部門	従業員数	20	10	5	3

［解答欄］

製造間接費部門別配賦表　　　　（単位：円）

摘　要	合　計	製造部門		補助部門	
		切削部門	組立部門	修繕部門	工場事務部門
部門個別費	246,700	109,000	81,000	34,000	22,700
部門共通費	34,300	11,000	9,000	9,000	5,300
部 門 費	281,000	120,000	90,000	43,000	28,000
第1次配賦					
修繕部門費					
工場事務部門費					
第2次配賦					
修繕部門費					
工場事務部門費					
製造部門費					

問題 11-2 次の資料に基づいて，切削部門費と組立部門費の製造指図書 No.71 および No.72 への予定配賦額を計算し，製造部門費配賦差異を計上する仕訳を示しなさい。

《資料１》切削部門費と組立部門費の予定配賦に関する情報

　　切削部門予算額（年額）…1,560,000 円

　　組立部門予算額（年額）…2,250,000 円

　　切削部門の予定直接作業時間（年間）……2,600 時間

　　組立部門の予定直接作業時間（年間）……4,500 時間

《資料２》製造指図書 No.71 と No.72 の直接作業時間の内訳

	No. 71	No. 72	合計
切削部門	86 時間	124 時間	210 時間
組立部門	172 時間	208 時間	380 時間

《資料３》切削部門費と組立部門費の No.71 および No.72 への実際配賦額

　　切削部門費　No.71：52,000 円　　No.72：　74,400 円

　　組立部門費　No.71：85,600 円　　No.72：104,200 円

[解答欄]

切削部門費の No.71 への予定配賦額　[　]円

切削部門費の No.72 への予定配賦額　[　]円

組立部門費の No.71 への予定配賦額　[　]円

組立部門費の No.72 への予定配賦額　[　]円

製造部門費配賦差異を計上する仕訳

借　方	金　額	貸　方	金　額

第11章　発展練習問題

問題 11-3　当社は切削部門，組立部門，修繕部門および工場事務部門の4つの部門を設置し，部門別原価計算を採用している。相互配賦法（簡便法）によって製造間接費を各部門に配賦する場合に，下記の資料1～3を参考にしながら，問1と問2に答えなさい。

問1　切削部門と組立部門の部門費を計算しなさい。ただし，製造間接費は資料2と3によって，実際発生額を配賦しているものとする。

問2　製造部門費の予定配賦を行って，切削部門への予定配賦額が660,000円，組立部門への予定配賦額が780,000円の場合，製造部門費配賦差異の金額を答えなさい。

《資料1》

当月の製造間接費実際発生額は1,449,600円であり，そのうち部門個別費として切削部門費が282,000円，組立部門費が308,000円，修繕部門費が123,500円，工場事務部門費が106,100円であった。また，部門共通費が630,000円（工場建物の減価償却費480,000円，福利厚生施設負担額150,000円）であった。

《資料2》

工場建物の減価償却費は各部門の専有面積，福利厚生施設負担額は各部門の従業員数で配賦する。専有面積と従業員数に関する資料は次の通りである。

	切削部門	組立部門	修繕部門	工場事務部門
専有面積	760 ㎡	880 ㎡	210 ㎡	70 ㎡
従業員数	16 名	24 名	8 名	2 名

《資料3》

修繕部門費は修繕回数，工場事務部門費は各部門の従業員数で配賦する。修繕回数と従業員数に関する資料は次の通りである。

	切削部門	組立部門	修繕部門	工場事務部門
修繕回数	19 回	26 回	—	5 回
従業員数	16 名	24 名	8 名	2 名

[**解答欄**]

問 1

切削部門費   □□□□□□□□ 円

組立部門費   □□□□□□□□ 円

問 2 （借方または貸方のいずれかを○で囲むこと）

製造部門費配賦差異   円の　借方　貸方　差異

第12章 単純総合原価計算

1 総合原価計算とは

　総合原価計算は，同種または異種の製品を連続して大量生産する製造業に適用される計算方法で，市場見込生産に適用される。個別原価計算では顧客の注文ごとに製品の仕様が異なるため，原価をすべて製造指図書番号ごとに個別に集計して完成品原価を計算した。

　これに対して，総合原価計算では1原価計算期間に発生した完成品の製造原価をその期間の生産量で割って，製品単位あたりの**完成品単位原価**を計算する。

　総合原価計算では，一定期間継続して製造を命令する継続製造指図書が発行され，期間生産量を原価計算の単位とする。原価要素は個々の製品ごとに集計しないため，原則として製造直接費と製造間接費に分ける必要はない。

2 単純総合原価計算とは

　単純総合原価計算は，同種類の製品を連続的に大量生産する製造業に適用される計算方法である。単純総合原価計算では，原価計算期間（1ヶ月）の原価要素を総合的に集計するため，総製造費用（月初仕掛品原価＋当月製造費用）を完成品総合原価と月末仕掛品原価に分けなければならない。そして，単純総合原価計算における完成品総合原価は，総製造費用から月末仕掛品原価を差し引いて求める。

3 単純総合原価計算の計算方法

① 　1 原価計算期間に発生したすべての原価要素を集計して当月製造費用を求める。
② 　月初仕掛品原価に当月製造費用を加えて，総製造費用を求める。
③ 　総製造費用から月末仕掛品原価を差し引いて，完成品総合原価を求める。
④ 　完成品総合原価をその月の完成品数量で割って，製品の完成品単位原価を求める。

　完成品総合原価を求めるには，総製造費用のうちどれだけを月末仕掛品として配分するかを決める必要がある。このように，月末仕掛品の金額を決定することを**月末仕掛品原価**の計算という。総合原価計算において，月末仕掛品原価の計算をする場合，原価要素を**素材費**（直接材料費）と**加工費**（素材費以外の間接材料費・労務費・経費）に分けて計算する。これは，素材費と加工費とでは，一般に製品の製造過程における原価の発生の仕方が違うからである。

　素材費（直接材料費）は，通常，作業工程の始点で完成に必要な量がすべて投入される。この場合，月末仕掛品が作業工程のどの段階にあっても，素材費は完成品と同様に 100％消費済みということになる。

　これに対して加工費は，製造の進行に応じて徐々に投入され，消費される。例えば作業に 20 時間をかけた完成品にかかった労務費に対して，まだ 4 時間しかかけていない仕掛品にかかった労務費は 20％ということになる。したがって，月末仕掛品の加工費は，完成品と同じように計算することはできず，製造の進行に応じて計算する必要がある。このように，製造工程における加工の進行具合を**加工進捗度**という。工程の始点を 0 ％，終点を 100％と表す。

　そして，仕掛品にかかった加工費が，完成品何個分に相当するのか算定するための計算上の数量を**完成品換算数量**という。

4 ワークシート練習

〔例題 12-1〕

　次の生産データにより，ワークシートの数量の列を完成しなさい。なお，素材は製造着手の時に投入される。また，（　　）内は，加工進捗度を示す。

　　月初仕掛品　　 200 個（25％）
　　当 月 投 入　　2,400 個

月末仕掛品　　400 個（30％）

完　成　品　2,200 個

●解答●

	素材費			加工費	
		数量	金額	数量	金額
月　初 ①	200		50	
当　月 ④	2,400		2,270	
計	2,600		2,320	
月　末 ②	400		120	
完　成 ③	2,200		2,200	

【解説】

　左側に，「月初」,「当月」,「計」,「月末」,「完成」の項目名を記入しワークシートを作成する。その後，素材費と加工費の生産データを①「月初」,②「月末」,③「完成」の順にそれぞれの数量に記入する。最後に，逆算して④「当月」の数量を求める。なお，加工費については，加工進捗度を使用する。

⇒基本練習問題 12-1 を解答

⑤ 月末仕掛品の計算方法

　月末仕掛品原価の計算方法には，**平均法**や**先入先出法**がある。

(1)**平均法**

　平均法は，月初仕掛品と当月に製造を開始した分がともに平均的に完成品と月末仕掛品に配分されるという仮定に基づいて計算される。

　総製造費用を，完成品総合数量と月末仕掛品数量または月末仕掛品の完成品換算数量で比例配分して，完成品総合原価と月末仕掛品原価を計算する。

　素材を製造着手のときにすべて投入する場合，素材費は製造着手のときに全額発生しており，製造工程のどこにあっても加工進捗度は 100％である。したがって，月末仕掛品の完成品換算数量は月末仕掛品数量に等しく，加工進捗度は無視してよい。

　しかし，加工費については，常に製造の進行に応じて消費されていくので，加工進捗度により月末仕掛品の完成品換算数量を求めることになる。

　また，素材の投入割合と加工費の発生割合が異なるときは，素材費と加工費に分け，それぞれの加工進捗度に応じて完成品換算数量を用いて計算する。

〔例題 12-2〕

次の資料(a)～(c)によって，月末仕掛品原価を平均法によって計算しなさい。ただし，素材は製造着手時にすべて投入されるものとする。また，（　）内は，加工進捗度を示す。

(a)生産データ

月初仕掛品　　200 個（40%）
当 月 投 入　　1,900 個
合　　計　　2,100 個
月末仕掛品　　300 個（50%）
完 成 品　　1,800 個

(b)月初仕掛品原価　素材費　　38,000 円
加工費　　33,500 円

(c)当月製造費用　素材費　　340,000 円
加工費　　454,000 円

●解答・解説●

【手順1】

左側に，「月初仕掛品」，「当月投入」，「計」，「月末仕掛品」，「完成品」の項目名を記入しワークシートを作成する。なお，以下本書では，月初仕掛品を「月初」，当月投入を「当月」，月末仕掛品を「月末」，完成品を「完成」とそれぞれ表記する。その後，素材費と加工費の生産データを「月初」，「月末」，「完成」の順にそれぞれの数量に記入する。最後に，逆算して「当月」の数量を求める。

	素材費		加工費	
	数量	金額	数量	金額
月 初 仕 掛 品	200		80	
当 月 投 入	1,900		1,870	
計	2,100		1,950	
月 末 仕 掛 品	300		150	
完 成 品	1,800		1,800	

【手順2】

素材費と加工費の月初仕掛品原価と当月製造費用をワークシートの「月初」，「当月」の金額に入れ，「計」の金額に「月初」と「当月」の合計金額を記入する。

	素材費		加工費	
	数量	金額	数量	金額
月初仕掛品	200	38,000	80	33,500
当月投入	1,900	340,000	1,870	454,000
計	2,100	378,000	1,950	487,500
月末仕掛品	300		150	
完成品	1,800		1,800	

【手順3】

　平均法の場合は，「計」の行に着目し，「計」の金額を「計」の数量で割り，単価を求め，その単価に「月末」の数量を掛けて月末仕掛品原価を求める。完成品総合原価は，「計」の金額から「月末」の金額を引いて求める。

	素材費		加工費	
	数量	金額	数量	金額
月初仕掛品	200	38,000	80	33,500
当月投入	1,900	340,000	1,870	454,000
計	2,100	378,000	1,950	487,500
月末仕掛品	300	54,000	150	37,500
完成品	1,800	324,000	1,800	450,000

○月末仕掛品原価

　　素材費　$378,000 \div 2,100 \times 300 = 54,000$ 円

　　加工費　$487,500 \div 1,950 \times 150 = 37,500$ 円

○完成品総合原価

　　素材費　$378,000 - 54,000 = 324,000$ 円

　　加工費　$487,500 - 37,500 = 450,000$ 円

⇒基本練習問題 12-2 を解答

（2）先入先出法

　先入先出法は，月初仕掛品が先に加工されて完成したと考え，当月の製造着手分が完成品と月末仕掛品に配分されるという仮定に基づいて計算される。よって，月末仕掛品は当月着手分からしか発生しない。

　完成品数量から月初仕掛品数量（または月初仕掛品の完成品換算数量）を差し引いた数量と，月末仕掛品数量（または月末仕掛品の完成品換算数量）で当月製造費用を比例配分して，月末仕掛品原価と完成品総合原価を計算する。素材を製造の進行程度に応じて投入する場合の考え方は，平均法の場合と同様である。

　一方，素材の投入割合と加工費の発生割合が異なるときは，素材費と加工費に分け，それぞれの加工進捗度に応じて完成品換算数量を用いて計算する。

〔例題12-3〕

次の資料(a)〜(c)によって，月末仕掛品原価を先入先出法によって計算しなさい。ただし，素材は製造着手のときにすべて投入されるものとする。また，（　　）内は，加工進捗度を示す。

(a)生産データ

月初仕掛品　　200個（40%）

当月投入　　1,900個

合計　　2,100個

月末仕掛品　　300個（50%）

完成品　　1,800個

(b)月初仕掛品原価　　素材費　　38,000円

加工費　　33,500円

(c)当月製造費用　　素材費　　399,000円

加工費　　467,500円

●解答・解説●

【手順1】

左側に，「月初」，「当月」，「計」，「月末」，「完成」の項目名を記入しワークシートを作成する。その後，素材費と加工費の生産データを「月初」，「月末」，「完成」の順にそれぞれの数量に記入する。最後に，逆算して「当月」の数量を求める。

	素材費		加工費	
	数量	金額	数量	金額
月初仕掛品	200		80	
当月投入	1,900		1,870	
計	2,100		1,950	
月末仕掛品	300		150	
完成品	1,800		1,800	

【手順2】

素材費と加工費の月初仕掛品原価と当月製造費用をワークシートの「月初」，「当月」の金額に入れ，「計」の金額に「月初」と「当月」の合計金額を記入する。

	素材費		加工費	
	数量	金額	数量	金額
月 初 仕 掛 品	200	38,000	80	33,500
当 月 投 入	1,900	399,000	1,870	467,500
計	2,100	437,000	1,950	501,000
月 末 仕 掛 品	300		150	
完 成 品	1,800		1,800	

【手順3】

先入先出法の場合は,「当月」の行に着目し,「当月」の金額を「当月」の数量で割り,単価を求め,その単価に「月末」の数量を掛けて月末仕掛品原価を求める。完成品総合原価は,「計」の金額から「月末」の金額を引いて求める。

	素材費		加工費	
	数量	金額	数量	金額
月 初 仕 掛 品	200	38,000	80	33,500
当 月 投 入	1,900	399,000	1,870	467,500
計	2,100	437,000	1,950	501,000
月 末 仕 掛 品	300	63,000	150	37,500
完 成 品	1,800	374,000	1,800	463,500

○月末仕掛品原価

素材費　$399,000 \div 1,900 \times 300 = 63,000$ 円

加工費　$467,500 \div 1,870 \times 150 = 37,500$ 円

○完成品総合原価

素材費　$437,000 - 63,000 = 374,000$ 円

加工費　$501,000 - 37,500 = 463,500$ 円

⇒基本練習問題 12-3 を解答

⑥ ワークシート法による計算のまとめ

	素材費		加工費	
	数量	金額	数量	金額
月 初 仕 掛 品	A	a	あ	ア
当 月 投 入	B	b	い	イ
計	C	c	う	ウ
月 末 仕 掛 品	D	d	え	エ
完 成 品				

【平均法の場合】「計」の行で計算する

○月末仕掛品原価

素材費　$c \div C \times D = d$　　　加工費　$ウ \div う \times え = エ$

【先入先出法の場合】「当月投入」の行で計算する

○月末仕掛品原価

素材費　$b \div B \times D = d$　　　加工費　$イ \div い \times え = エ$

第 12 章　基本練習問題

問題 12-1　次の生産データにより，ワークシートの数量の列を完成しなさい。なお，素材は製造着手の時に投入される。また，（　　）内は，加工進捗度を示す。

	（問 1 ）	（問 2 ）
月初仕掛品	200 個（15%）	400 個（20%）
当 月 投 入	500 個	1,200 個
月末仕掛品	100 個（20%）	300 個（25%）
完 成 品	600 個	1,300 個

［解答欄］

問 1

	素材費		加工費	
	数量	金額	数量	金額
月 初 仕 掛 品				
当 月 投 入	_____	_____	_____	_____
計				
月 末 仕 掛 品	_____	_____	_____	_____
完 成 品	_____	_____	_____	_____

問 2

	素材費		加工費	
	数量	金額	数量	金額
月 初 仕 掛 品				
当 月 投 入	_____	_____	_____	_____
計				
月 末 仕 掛 品	_____	_____	_____	_____
完 成 品	_____	_____	_____	_____

問題 12-2 当社では，単純総合原価計算を行っている。次の当月のデータに基づいて製品の完成品総合原価，完成品単位原価を計算しなさい。なお，材料は製造着手の時に投入される。また，原価投入額合計を完成品総合原価と月末仕掛品原価に配分する方法として平均法を用いること。

(1)生産データ

月初仕掛品	800 個	（50%）
当 月 投 入	5,800 個	
合　　計	6,600 個	
月末仕掛品	600 個	（60%）
完 成 品	6,000 個	

（　　）内は，加工費の進捗度である。

(2)月初仕掛品原価　　直接材料費　　　500,000 円
　　　　　　　　　　　加工費　　　　　616,000 円

(3)当月製造費用　　　直接材料費　　2,800,000 円
　　　　　　　　　　　加工費　　　　3,200,000 円

[解答欄]

完成品総合原価　[　　　　　　　　　　]　円

完成品単位原価　[@　　　　　　　　]　円

問題 12-3 当社では，単純総合原価計算を行っている。次の当月のデータに基づいて製品の完成品総合原価，完成品単位原価を計算しなさい。なお，材料は製造着手の時に投入される。また，原価投入額合計を完成品総合原価と月末仕掛品原価に配分する方法として先入先出法を用いること。

(1)生産データ

月初仕掛品	500 個	（40%）
当 月 投 入	1,300 個	
合　　計	1,800 個	
月末仕掛品	600 個	（30%）
完 成 品	1,200 個	

（　　）内は，加工費の進捗度である。

(2)月初仕掛品原価 　直接材料費　363,500 円
　　　　　　　　　　加工費　　　160,600 円
(3)当月製造費用 　　直接材料費　968,500 円
　　　　　　　　　　加工費　　　929,840 円

[解答欄]

完成品総合原価 ☐ 円

完成品単位原価 ☐ @ 円

第 12 章　発展練習問題

問題 12-4　当社では，単純総合原価計算を採用している。次の資料に基づいて，下記の総合原価計算表を完成し，売上高，売上原価，売上総利益，営業利益を求めなさい。なお，原価投入額合計を完成品総合原価と月末仕掛品原価に配分する方法として平均法を用いること。

《資料》

1　生産データ

月初仕掛品　　　 380 個 (0.5)

当 月 投 入　　 1,520 個

合 　計　　　 1,900 個

月末仕掛品　　　 300 個 (0.6)

完 成 品　　　 1,600 個

※ 1　材料は工程の始点ですべて投入されるものとする。

※ 2　（　　）内は，加工進捗度を示す。

2　原価データ

月初仕掛品原価　　材料費　　 814,000 円　　　加工費　　 359,000 円

当月製造費用　　　材料費　 3,271,000 円　　　加工費　 2,578,000 円

3　月初の製品有高は 200 個，@3,860 円である。

4　当月の製品 1 個あたり売価は 5,600 円，販売量は 1,200 個である。なお，売上原価の計算は先入先出法による。

5　当月の販売費は 448,000 円，一般管理費は 600,000 円である。

[解答欄]

総合原価計算表

(単位：円)

	材料費	加工費	合　計
月 初 仕 掛 品			
当 月 投 入			
計			
月 末 仕 掛 品			
完 成 品			

売　上　高 [　　　　　　] 円　　　　売上原価 [　　　　　　] 円

売上総利益 [　　　　　　] 円　　　　営業利益 [　　　　　　] 円

第13章 等級別総合原価計算

1 等級別総合原価計算とは

等級別総合原価計算は，同一工程において同種の製品を連続的に大量生産するが，その製品が形状・大きさ・品質などによっていくつかの等級に区別される製造業，例えば，製粉業，醸造業，衣料品製造業などに適用される原価計算の方法である。

2 等級別総合原価計算の計算方法

① 各等級製品について，適当な**等価係数**を定める。
② 等価係数に各等級製品の製造数量を掛けて**積数**を計算する。
③ 1原価計算期間の総合原価を各等級製品の積数で比例配分して，各等級製品の完成品総合原価を計算する。
④ 各等級製品の完成品総合原価をそれぞれの製造数量で割って，完成品単位原価を計算する。

等価係数とは，等級の異なる製品を同じ等級に換算するために用いる一定の数値であり，各等級製品の重量・長さ・面積・容積・厚さ・純分度・硬度など，製品の原価の発生と関係ある性質に基づいて定められる。

〔例題13-1〕
　次の資料(1)〜(4)によって，各等級製品の完成品総合原価と完成品単位原価を平均法によって計算しなさい。ただし，等価係数は，製品1個あたりの重量を基準とする。
　※素材は製造着手のときにすべて投入されるものとする。

※（　　）内は，加工進捗度を示す。

(1)生産データ

月初仕掛品　　200個（40%）

当月投入　　1,900個

合　計　　2,100個

月末仕掛品　　300個（50%）

完成品　　1,800個

(2)月初仕掛品原価　素材費　38,000円　　加工費　34,000円

(3)当月製造費用　素材費　319,000円　　加工費　434,000円

(4)各等級製品の完成品数量と製品1個あたりの重量

	1級製品	2級製品
完成品数量	1,000個	800個
重量	600g	480g

●解答・解説●

	素材費		加工費	
	数量	金額	数量	金額
月初仕掛品	200	38,000	80	34,000
当月投入	1,900	319,000	1,870	434,000
計	2,100	357,000	1,950	468,000
月末仕掛品	300	51,000	150	36,000
完成品	1,800	306,000	1,800	432,000

以下の原価計算表を作ると計算しやすい。

等級別総合原価計算表

等級別製品	重量	等価係数	完成品数量	積数	等級別製造原価	製品単価
1級製品	600g	5	1,000	5,000	450,000	¥450
2級製品	480g	4	800	3,200	288,000	¥360
				8,200	738,000	

等価係数　　600：480＝5：4

積数　　1級製品　5×1,000　　2級製品　4×800

完成品総合原価　1級製品　738,000÷8,200×5,000＝450,000円

2級製品　738,000÷8,200×3,200＝288,000円

完成品単位原価　1級製品　450,000÷1,000＝450円

2級製品　288,000÷800＝360円

⇒基本練習問題13-1および13-2を解答

第 13 章　基本練習問題

問題 13-1　次の資料に基づいて，各等級製品の完成品総合原価と完成品単位原価を計算しなさい。等価係数は，各製品 1 個あたりの重量を基準とする。

《資料》

1　月初仕掛品原価　　123,000 円
2　当月製造費用　　　直接材料費　336,000 円
　　　　　　　　　　　加　工　費　496,000 円
3　月末仕掛品原価　　151,000 円
4　完成品数量および製品 1 個の重量

	（完成品数量）	（製品 1 個の重量）
1 級製品	200 個	20kg
2 級製品	240 個	16kg
3 級製品	360 個	8kg

［解答欄］

1 級製品の完成品総合原価　[　　　　　　] 円

1 級製品の完成品単位原価　[@　　　　　] 円

2 級製品の完成品総合原価　[　　　　　　] 円

2 級製品の完成品単位原価　[@　　　　　] 円

3 級製品の完成品総合原価　[　　　　　　] 円

3 級製品の完成品単位原価　[@　　　　　] 円

問題 13-2 当社は，１級製品と２級製品を生産し，製品原価の計算方法は，等級別総合原価計算を採用している。次の資料(1)～(4)によって，各等級製品の完成品総合原価と完成品単位原価を先入先出法によって計算しなさい。ただし，等価係数は，製品１個あたりの重量を基準とする。

※素材は製造着手のときにすべて投入されるものとする。

※（　）内は，加工進捗度を示す。

(1)生産データ

月初仕掛品	200 個	（50%）
当 月 投 入	1,100 個	
合　計	1,300 個	
月末仕掛品	300 個	（60%）
完　成　品	1,000 個	

(2)月初仕掛品原価　　素材費　　62,000 円

　　　　　　　　　　加工費　　34,000 円

(3)当月製造費用　　　素材費　319,000 円

　　　　　　　　　　加工費　302,400 円

(4)各等級製品の完成品数量と製品１個あたりの<u>重量</u>

	１級製品	２級製品
完成品数量	600 個	400 個
重量	300g	420g

[解答欄]

１級製品の完成品総合原価 〔　　　　　　　〕 円

１級製品の完成品単位原価 @〔　　　　　　〕 円

２級製品の完成品総合原価 〔　　　　　　　〕 円

２級製品の完成品単位原価 @〔　　　　　　〕 円

第 13 章　発展練習問題

問題 13-3　当社は，等級別総合原価計算を採用し，A 級製品，B 級製品，C 級製品，D 級製品の 4 種類の製品を製造している。次の資料から，完成品総合原価と各等級製品の完成品単位原価を計算しなさい。なお，月末仕掛品原価の計算は先入先出法によって計算しなさい。ただし，等価係数は，製品 1 個あたりの重量を基準とする。

《資料》

1　生産データ

(1) 生産データ

月初仕掛品	400 個	(40%)
当 月 投 入	1,800 個	
合 　計	2,200 個	
月末仕掛品	600 個	(50%)
完 成 品	1,600 個	

※材料は工程の始点で投入し，（　　　）内は加工費の進捗度である。

(2) 月初仕掛品原価　　直接材料費　　84,000 円

　　　　　　　　　　　加工費　　　　64,000 円

(3) 当月製造費用　　　直接材料費　　594,000 円

　　　　　　　　　　　加工費　　　　696,000 円

(4) 各等級製品の完成品数量と製品 1 個あたりの重量

	A 級製品	B 級製品	C 級製品	D 級製品
完成品数量	500 個	300 個	200 個	600 個
重量	420kg	300kg	180kg	240kg

［解答欄］

完 成 品 総 合 原 価 　［　　　　　　　　　］円

A級製品の完成品単位原価　［＠　　　　　　　　］円

B級製品の完成品単位原価　［＠　　　　　　　　］円

C級製品の完成品単位原価　［＠　　　　　　　　］円

D級製品の完成品単位原価　［＠　　　　　　　　］円

第14章 組別総合原価計算

1 組別総合原価計算とは

組別総合原価計算は，異種の製品を組別に連続的に製造する製造業，例えば，食品工業・衣料品業・自動車工業などに適用される原価計算の方法である。組別総合原価計算では，製品の規格・品質が異なるごとに組を分け，それぞれの組単位の完成品総合原価を求め，これをその組の完成品数量で割って，製品の単位原価を求める。

2 組別総合原価計算の計算方法

① 1原価計算期間の製造費用を，各組の製品に直接発生した**組直接費**と，各組の製品に共通して発生した**組間接費**に分ける。この組間接費は，総合原価計算における加工費に相当する。

② 組直接費は各組に直課し，組間接費は一定の配賦基準によって各組に配賦する。

③ 各組に集計された製造費用に月初仕掛品原価を加え，その合計額から月末仕掛品原価を差し引いて組別製品の完成品総合原価を求める。

④ 完成品総合原価をその組の完成品数量で割って，組別製品の単位原価を求める。

〔例題 14-1〕

次の資料によって，組別総合原価計算による月末仕掛品原価を平均法によって計算しなさい。ただし，素材は製造着手のときにすべて投入されるものとする。また，（　　）内は，加工進捗度を示す。

《生産データ》

	A組	B組
月初仕掛品	100 個（60%）	250 個（40%）
当月投入	1,000 個	950 個
合　計	1,100 個	1,200 個
月末仕掛品	300 個（40%）	200 個（30%）
完成品	800 個	1,000 個

《原価データ》

	A組	B組
月初仕掛品原価		
素材費	80,000 円	42,000 円
加工費	52,000 円	29,300 円
当月製造費用		
素材費	360,000 円	240,000 円
加工費	900,000 円	

※加工費は直接作業時間で実際配賦している。なお，当月の直接作業時間は，A組が 500 時間，B組が 400 時間であった。

●解答・解説●

ワークシートを作成し解答すれば，以下の通りである。

	A組				B組			
	素材費		加工費		素材費		加工費	
	数量	金額	数量	金額	数量	金額	数量	金額
月初仕掛品	100	80,000	60	52,000	250	42,000	100	29,300
当月投入	1,000	360,000	860	500,000	950	240,000	960	400,000
計	1,100	440,000	920	552,000	1,200	282,000	1,060	429,300
月末仕掛品	300	120,000	120	72,000	200	47,000	60	24,300
完成品	800	320,000	800	480,000	1,000	235,000	1,000	405,000

⇒基本練習問題 14-1 および 14-2 を解答

第14章 基本練習問題

問題 14-1 当社は，製品Xと製品Yの2種類の異種製品を生産しており，製品原価の計算方法は組別総合原価計算を採用している。次の資料によって，下記の組別総合原価計算表を完成しなさい。なお，月末仕掛品原価を先入先出法によって計算しなさい。ただし，原料は工程の始点ですべて投入されるものとする。また，（　　）内は，加工進捗度を示す。

《生産データ》

	製品X	製品Y
月初仕掛品	200 個（40%）	100 個（30%）
当 月 投 入	900 個	650 個
合　　計	1,100 個	750 個
月末仕掛品	100 個（60%）	150 個（40%）
完　成　品	1,000 個	600 個

《原価データ》

	製品X	製品Y
月初仕掛品原価		
原料費	24,000 円	48,000 円
加工費	18,000 円	30,000 円
当月製造費用		
原料費	90,000 円	260,000 円
加工費	224,000 円	

※加工費は直接作業時間で実際配賦している。なお，当月の直接作業時間は，製品Xが700時間，製品Yが900時間であった。

［解答欄］

組別総合原価計算表

	製品X		製品Y	
	原料費	加工費	原料費	加工費
月初仕掛品原価				
当月製造費用				
合計				
月末仕掛品原価				
完成品総合原価				

問題 14-2 当社は，製品 A と製品 B の 2 種類の異種製品を生産しており，製品原価の計算方法は組別総合原価計算を採用している。次の資料に基づいて，完成品総合原価と完成品単位原価を計算しなさい。なお，製品原価の計算方法は平均法によって計算しなさい。ただし，素材は製造着手のときにすべて投入されるものとする。また，（　　）内は，加工進捗度を示す。

《生産データ》

	製品 A	製品 B
月初仕掛品	100 個（60%）	250 個（40%）
当 月 投 入	1,000 個	950 個
合　　計	1,100 個	1,200 個
月末仕掛品	300 個（40%）	200 個（30%）
完 　成 　品	800 個	1,000 個

《原価データ》

	製品 A	製品 B
月初仕掛品原価		
素材費	45,800 円	50,900 円
加工費	16,400 円	17,000 円
当月製造費用		
素材費	95,000 円	221,500 円
加工費	312,000 円	

※加工費は直接作業時間で実際配賦している。なお，当月の直接作業時間は，A 組が 600 時間，B 組が 1,000 時間であった。

[解答欄]

	製品 A	製品 B
完成品総合原価	円	円
完成品単位原価	@　　　　　　　円	@　　　　　　　円

第 14 章　発展練習問題

問題 14-3　当社は, 製品Xと製品Yの2種類の異種製品を生産しており, 製品原価の計算方法は組別総合原価計算を採用している。次の資料によって, 完成品総合原価と完成品単位原価を計算しなさい。なお, 組間接費の配賦は直接労務費を基準として行うこと。また, 割り切れない場合には, 小数第2位未満を四捨五入すること。

《生産データ》

	製品X	製品Y
月初仕掛品	380 個（？）	220 個（？）
当月投入	2,470 個	3,780 個
合　計	2,850 個	4,000 個
月末仕掛品	450 個（70％）	400 個（80％）
完　成　品	2,400 個	3,600 個

※1　材料は工程の始点ですべて投入されるものとする。

※2　月末仕掛品原価の計算は, 平均法によること。

※3　（　　）内は, 加工進捗度を示す。

《原価データ》

	製品X	製品Y	合計
月初仕掛品原価			
直接材料費	73,350 円	31,250 円	104,600 円
加　工　費	134,710 円	39,760 円	174,470 円
当月製造費用			
直接材料費	428,250 円	436,750 円	865,000 円
加　工　費	（　？　）円	（　？　）円	2,475,000 円

※直接労務費は, 製品X　425,000 円, 製品Y　700,000 円である。

[解答欄]

製品Xの完成品総合原価　□　円

製品Xの完成品単位原価　@□　円

製品Yの完成品総合原価　□　円

製品Yの完成品単位原価　@□　円

第15章 工程別総合原価計算

┌─【第15章の到達目標】────────────────────
│
│ ・工程別総合原価計算の特色について理解する。
│ ・工程別総合原価計算の計算方法について理解する。
│
└─────────────────────────────────────

1 工程別総合原価計算とは

工程別総合原価計算は，製造工程が2つ以上の連続する工程に分かれ，製品がそれぞれの工程を通過して製造される製造業に適用される原価計算の方法である。多くの製造業では，いくつかの製造工程を経て製品が製造される。この計算方法によれば，工程ごとに原価の計算ができるため製品の原価が正確に算定され，原価管理に役立てることができる。

これまでに学んだ単純総合原価計算・等級別総合原価計算・組別総合原価計算についても，いくつかの製造工程がある場合にはそれぞれ工程別総合原価計算が行われる。

2 工程別総合原価計算の計算方法

工程別総合原価計算の計算方法は，各工程に集計された製造費用に月初仕掛品原価を加え，その合計額から月末仕掛品原価を差し引いて各工程の完成品総合原価を計算する。この場合，第1工程の完成品総合原価は第2工程へ，第2工程の完成品総合原価は第3工程へと順に振り替える。

前の工程ですでに投入されている原価を**前工程費**という。例えば，第2工程の仕掛品に含まれている第1工程で投入された材料費や加工費が前工程費となる。そして，前工程費の計算は，製造着手のときにすべて投入される素材と同じように計算する。いいかえれば，第2工程の仕掛品は，すでに第1工程の作業を終了しているため，第2工程のどの加工進捗度においても完成品と同じになる。

最後に，最終工程の完成品総合原価を完成品数量で割って，完成品単位原価を計算する。

〔例題 15-1〕

次の資料によって，工程別総合原価計算による，完成品総合原価を第1工程，第2工程とも平均法によって計算しなさい。ただし，素材は製造着手のときにすべて投入されるものとする。また，（　　）内は，加工進捗度を示す。

《生産データ》

	第1工程	第2工程
月初仕掛品	200 個（40%）	300 個（50%）
当 月 投 入	1,000 個	900 個
合　　計	1,200 個	1,200 個
月末仕掛品	300 個（50%）	200 個（40%）
完　成　品	900 個	1,000 個

《原価データ》

第1工程		第2工程	
月初仕掛品原価			
素材費	66,000 円	前工程費	42,000 円
加工費	22,000 円	加工費	36,000 円
当月製造費用			
素材費	200,000 円	前工程費	各自算定
加工費	83,000 円	加工費	288,000 円

●解答●

	第1工程				第2工程			
	素材費		加工費		前工程費		加工費	
	数量	金額	数量	金額	数量	金額	数量	金額
月初仕掛品	200	66,000	80	22,000	300	42,000	150	36,000
当 月 投 入	1,000	200,000	970	83,000	900	289,500	930	288,000
計	1,200	266,000	1,050	105,000	1,200	331,500	1,080	324,000
月末仕掛品	300	66,500	150	15,000	200	55,250	80	24,000
完　成　品	900	199,500	900	90,000	1,000	276,250	1,000	300,000

完成品総合原価　276,250 + 300,000 = 576,250

⇒基本練習問題 15-1 および 15-2 を解答

第 15 章　基本練習問題

問題 15-1　次の資料に基づいて，下記の工程別総合原価計算表を完成しなさい。ただし，月末仕掛品原価の計算は，第 1 工程は平均法，第 2 工程は先入先出法によること。なお，原料はすべて第 1 工程の始点で投入されるものとする。また，（　　）内は，加工進捗度を示す。

《資料》

［生産データ］

	第 1 工程	第 2 工程
月初仕掛品	1,200 個（40%）	2,000 個（40%）
当月投入	11,800 個	12,000 個
合　計	13,000 個	14,000 個
月末仕掛品	1,000 個（30%）	1,000 個（50%）
完成品	12,000 個	13,000 個

［解答欄］

工程別総合原価計算表

	第 1 工程			第 2 工程		
	原料費	加工費	合計	前工程費	加工費	合計
月初仕掛品原価	5,000	2,400	7,400	30,000	20,000	50,000
当月投入費用	60,000	46,800	106,800		50,800	
合　計						
月末仕掛品原価						
完成品総合原価						

問題 15-2 当社は，2つの工程を経て製品Aを生産しており，工程別総合原価計算を行っている。次の資料に基づいて，完成品総合原価と完成品単位原価を計算しなさい。なお，第1工程は先入先出法，第2工程は平均法によって計算すること。ただし，素材は製造着手のときにすべて投入されるものとする。また，（　）内は，加工進捗度を示す。

《生産データ》

	第1工程	第2工程
月初仕掛品	120 個 (50%)	80 個 (30%)
当月投入	460 個	480 個
合　計	580 個	560 個
月末仕掛品	100 個 (30%)	60 個 (50%)
完成品	480 個	500 個

《原価データ》

第1工程		第2工程	
月初仕掛品原価			
素材費	8,000 円	前工程費	19,320 円
加工費	4,800 円	加工費	4,500 円
当月製造費用			
素材費	23,000 円	前工程費	各自算定
加工費	24,300 円	加工費	48,500 円

［解答欄］

完成品総合原価 [　　　　　　　] 円

完成品単位原価 @[　　　　　　] 円

第15章　発展練習問題

問題 15-3　当社では2つの工程を経て製品を生産しており，工程別総合原価計算を行っている。次の資料に基づき，仕掛品勘定の空欄に適切な金額を記入しなさい。ただし，原価投入額を完成品総合原価と月末仕掛品原価とに配分する方法として，2つの工程とも，平均法によって計算しなさい。

《資料》

	第1工程	第2工程
月初仕掛品	200個（60%）	100個（30%）
当 月 投 入	900個	950個
合　計	1,100個	1,050個
月末仕掛品	100個（50%）	150個（40%）
完 成 品	1,000個	900個

※1　原料はすべて第1工程の始点で投入される。

※2　（　）内の数値は，加工進捗度を示している。

※3　第1工程完成品のうち一部は半製品として，外部販売のため倉庫に保管される。

工程別総合原価計算表

	第1工程 原料費	第1工程 加工費	第2工程 前工程費	第2工程 加工費
月 初 仕 掛 品 原 価	4,200	1,800	2,100	1,200
当 月 投 入 費 用	20,000	19,200		27,600
合　　　計				
月 末 仕 掛 品 原 価				
完 成 品 総 合 原 価				

[解答欄]

仕 掛 品

月初有高	（　　　）	製　品	（　　　）
原料費	（　　　）	半製品	（　　　）
加工費	（　　　）	月末有高	（　　　）

第16章 減損・仕損が発生する総合原価計算

1 減損とは

　総合原価計算では, 製造工程に投入された投入量（月初仕掛品量＋当月投入量）と産出量（完成品量＋月末仕掛品量）は一致するという前提で学習をしてきた。しかし, 実際には, 投入量よりも産出量のほうが少ない場合がある。これは製造中に減損や仕損などの歩減が生じていることが原因である。ここでは, この**減損**と**仕損**について学ぶ。

　製造工程の途中で, 原材料が蒸発, ガス化, 粉散, 煙化などの原因により減少することを減損という。また, 減損が発生するまでに要した原価を集計したものを減損費という。

　製造工程で発生した減損の中でも, その発生を避けることができない減損を**正常減損**という。正常減損は, あらかじめその発生が予定されており, やむを得ないものであるため, 完成品や月末仕掛品を製造するために必要な原価であると考えて, 完成品あるいは月末仕掛品の製造原価に含めて処理する。

2 減損の計算方法

　正常減損費は, 減損が製造工程のどの時点で発生したかによって, (1)完成品のみに負担させるか, (2)完成品と月末仕掛品の両方に負担させるかを判断する。

(1)完成品にのみ負担させる場合

　減損が月末仕掛品の加工進捗度より後で発生した場合は, 月末仕掛品の加工が減損の発生点をまだ通過していないため, 月末仕掛品の製造に関して減損は生じていない。したがって, 正常減損費は月末仕掛品には負担させず, 完成品にのみ負担させる。

（2）完成品と月末仕掛品の両者に負担させる場合

　減損が月末仕掛品の加工進捗度より前に発生した場合は，減損の発生点を通過して月末仕掛品の加工が進んでいるため，完成品と月末仕掛品の両方の製造に関して減損は生じている。したがって，正常減損費は完成品と月末仕掛品の両方に負担させる。

③ 仕損とは

　製造の途中で材料の不良や機械装置の故障などの原因で加工に失敗し，一定の品質や規格に合わない不合格品となったものを仕損品といい，仕損品が生じることを**仕損**という。また，仕損の発生原価を集計したものを仕損費という。

　製造工程で発生した仕損の中でも，その発生を避けることができない仕損を**正常仕損**という。正常仕損は，あらかじめその発生が予定されており，やむを得ないものであるため，完成品や月末仕掛品を製造するために必要な原価であると考えて，完成品あるいは月末仕掛品の製造原価に含めて計算するのは，正常減損と同じである。

　しかし，減損と異なり，仕損の場合には，仕損品が売却できる価値を持つ場合がある。この売却できる価額を**仕損品評価額**という。仕損品に評価額がある場合には，仕損の発生までにかかった原価から仕損品評価額を控除して正常仕損費を計算し，この正常仕損費を完成品原価や月末仕掛品原価に含めて計算する。

　正常仕損費の処理は，正常仕損の発生点を考慮して，①完成品にのみ負担させるか，②完成品と月末仕掛品の両者に負担させるかを判断する。この場合の判断は，正常減損の場合と同じである。

〔例題 16-1〕

次の資料(a)～(c)によって，(1)月末仕掛品原価と(2)完成品総合原価を求めなさい。

ただし

i 素材は製造着手のときにすべて投入されるものとする。

ii 月末仕掛品の計算は平均法による。

iii 減損は製造工程の始点で発生している。

（a）生産データ

　　月初仕掛品　　　300 個（加工進捗度 50％）

　　当 月 投 入　　1,170 個

　　　合　計　　　1,470 個

　　月末仕掛品　　　240 個（加工進捗度 60％）

　　減　　損　　　　30 個

　　完　成　品　　1,200 個

（b）月初仕掛品原価　　素材費　　　328,000 円

　　　　　　　　　　　加工費　　　136,000 円

（c）当月製造費用　　　素材費　　1,112,000 円

　　　　　　　　　　　加工費　　　788,000 円

●解答・解説●

【手順 1】

減損は工程の始点で発生していることから，正常減損費は完成品と月末仕掛品の両者に負担させる。

①「月初」，②「月末」，③「完成」の生産データをそれぞれの数量に記入し，逆算して④「当月」の数量を計算する。両者負担の場合，減損を無視することに注意すること。

	素材費		加工費	
	数量	金額	数量	金額
月 初 仕 掛 品	300		150	
当 月 投 入	1,140		1,194	
計	1,440		1,344	
月 末 仕 掛 品	240		144	
完 成 品	1,200		1,200	

【手順 2】

　素材費と加工費の月初仕掛品原価と当月製造費用をワークシートの「月初」,「当月」の金額に入れ,「計」の金額に「月初」と「当月」の合計金額を記入する。

　そして, 平均法の場合,「計」の行に注目し,「計」の金額を「計」の数量で割り, 単価を求め, その単価に「月末」の数量を掛けて月末仕掛品原価を求める。完成品総合原価は,「計」の金額から「月末」の金額を引いて求める。

	素材費		加工費	
	数量	金額	数量	金額
月 初 仕 掛 品	300	328,000	150	136,000
当 月 投 入	1,140	1,112,000	1,194	788,000
計	1,440	1,440,000	1,344	924,000
月 末 仕 掛 品	240	240,000	144	99,000
完 成 品	1,200	1,200,000	1,200	825,000

⇒基本練習問題 16-1 を解答

〔例題 16-2〕

　次の資料(a)〜(c)によって,(1)月末仕掛品原価と(2)完成品総合原価を求めなさい。ただし,

ⅰ　素材は製造着手のときにすべて投入されるものとする。

ⅱ　月末仕掛品の計算は平均法による。

ⅲ　減損は製造工程の終点で発生している。

（ a ）生産データ

　　月初仕掛品　　　　400 個（加工進捗度 40%）

　　当 月 投 入　　　1,090 個

　　　合　計　　　　 1,490 個

　　月末仕掛品　　　　240 個（加工進捗度 50%）

　　減　　　損　　　　 50 個

　　完　成　品　　　1,200 個

（ b ）月初仕掛品原価　　素材費　　328,000 円

　　　　　　　　　　　　加工費　　171,000 円

（ c ）当月製造費用　　　素材費　1,173,920 円

　　　　　　　　　　　　加工費　1,012,680 円

●解答・解説●

【手順 1】

　減損は工程の終点で発生しているため, 正常減損費は完成品のみが負担する。

　①「月初」,②「月末」,③「完成」の生産データをそれぞれの数量に記入し, 逆算して④「当月」の数量を計算する。完成品のみ負担の場合に, 減損の生産データを「完成」の数量に含めて計算すること

がポイントである。

	素材費		加工費	
	数量	金額	数量	金額
月 初 仕 掛 品	400		160	
当 月 投 入	1,090		1,210	
計	1,490		1,370	
月 末 仕 掛 品	240		120	
完 成 品	1,250		1,250	

【手順2】

　素材費と加工費の月初仕掛品原価と当月製造費用をワークシートの「月初」，「当月」の金額に入れ，「計」の金額に「月初」と「当月」の合計金額を記入する。

　そして，平均法の場合，「計」の行に注目し，「計」の金額を「計」の数量で割り，単価を求め，その単価に「月末」の数量を掛けて月末仕掛品原価を求める。完成品総合原価は，「計」の金額から「月末」の金額を引いて求める。

　なお，完成品単位原価を求める場合には，「完成」の金額をワークシート上の「完成」の数量「1,250」で割るのではなく，実際の完成品数量「1,200」で割ることに注意すること。

	素材費		加工費	
	数量	金額	数量	金額
月 初 仕 掛 品	400	328,000	160	171,000
当 月 投 入	1,090	1,173,920	1,210	1,012,680
計	1,490	1,501,920	1,370	1,183,680
月 末 仕 掛 品	240	241,920	120	103,680
完 成 品	1,250	1,260,000	1,250	1,080,000

⇒基本練習問題 16-2 を解答

第16章　基本練習問題

問題 16-1　次の資料によって，(1)月末仕掛品原価と(2)完成品単位原価を求めなさい。
ただし

　　i　素材は製造着手のときにすべて投入されるものとする。

　　ii　月末仕掛品の計算は平均法による。

　　iii　仕損は製造工程の始点で発生している。正常仕損品に評価額はない。

（a）生産データ

月初仕掛品	200個	（加工進捗度40%）
当月投入	760個	
合計	960個	
月末仕掛品	150個	（加工進捗度50%）
正常仕損	10個	
完成品	800個	

（b）月初仕掛品原価

素材費	24,000円
加工費	8,600円

（c）当月製造費用

素材費	109,000円
加工費	85,900円

[解答欄]

(1)月末仕掛品原価　□　円

(2)完成品単位原価　@　円

問題 16-2 次の資料(a)〜(c)によって，(1)月末仕掛品原価と(2)完成品総合原価を求めなさい。

ただし

i 素材は製造着手のときにすべて投入されるものとする。

ii 月末仕掛品の計算は平均法による。

iii 仕損は製造工程の終点で発生している。正常仕損品に評価額はない。

（a）生産データ

月初仕掛品	300 個	（加工進捗度 50%）
当 月 投 入	700 個	
合 計	1,000 個	
月末仕掛品	200 個	（加工進捗度 40%）
正 常 仕 損	10 個	
完 成 品	790 個	

（b）月初仕掛品原価　　素材費　40,000 円

加工費　13,600 円

（c）当月製造費用　　素材費　90,000 円

加工費　78,800 円

[解答欄]

(1)月末仕掛品原価 ☐ 円

(2)完成品総合原価 ☐ 円

第 16 章　発展練習問題

問題 16-3　当社は，等級別総合原価計算を採用し，A 級製品，B 級製品，C 級製品の 3
種類の製品を製造している。次の資料から，完成品総合原価と各等級製品の
完成品単位原価を計算しなさい。なお，月末仕掛品原価の計算は平均法による。
ただし，等価係数は，製品 1 個あたりの重量を基準とする。

《資料》

1　生産データ

月初仕掛品	1,200 個	（70%）
当 月 投 入	4,800 個	
合　　計	6,000 個	
月末仕掛品	1,500 個	（50%）
正 常 仕 損	500 個	（80%）
完 成 品	4,000 個	

※ 1　材料は工程の始点で投入し，（　　　）内は加工費の進捗度である。

※ 2　仕損品に処分価値はない。

2　原価データ

(1)月初仕掛品原価　　直接材料費　　320,000 円　　　　加工費　　252,500 円

(2)当月製造費用　　　直接材料費　2,800,000 円　　　　加工費　2,580,000 円

3　各等級製品の完成品数量と製品 1 個あたりの重量

	A 級製品	B 級製品	C 級製品
完成品数量	1,800 個	1,200 個	1,000 個
重　量	140kg	120kg	80kg

[解答欄]

完 成 品 総 合 原 価		円
A 級製品の単位原価	@	円
B 級製品の単位原価	@	円
C 級製品の単位原価	@	円

第 **17** 章 総合原価計算の応用

【第17章の到達目標】

・仕損が工程の途中で発生し，仕損品の評価額がある場合の計算方法について理解する。
・材料を追加投入した場合の計算方法と処理方法について理解する。

① 仕損品の評価額がある場合の計算方法

　正常仕損が発生した場合，仕損品が残っており，いくらかの金額で売却処分できる場合がある。この場合，売却できる金額を仕損品評価額という。

　正常仕損が発生し，仕損品評価額がある場合には，正常仕損にかかった原価から仕損品評価額を差し引いた金額を正常仕損費として完成品や月末仕掛品の中に含めて計算する。

(1)完成品にのみ負担させる場合

　正常仕損が月末仕掛品の加工進捗度より後の時点で発生している場合，正常仕損は完成品のみが負担するので，月末仕掛品原価を計算した後に完成品総合原価から正常仕損品の評価額を控除する。

(2)完成品と月末仕掛品の両者に負担させる場合

　正常仕損が月末仕掛品の加工進捗度より前の時点で発生している場合，正常仕損を完成品と月末仕掛品の両者が負担するので，正常仕損品の評価額を当月製造原価より控除してから，月末仕掛品原価および完成品総合原価を計算する。また，仕損の発生点が不明な場合も完成品と月末仕掛品の両者負担とする。

〔例題 17-1〕

　次の資料により，仕損の発生点が加工進捗度，(1)50％であった場合と(2)80％であった場合の月末仕掛品原価と完成品総合原価を求めなさい。

　ただし

　i　素材は製造着手のときにすべて投入されるものとする。

　ii　月末仕掛品の計算は平均法による。

iii　仕損は，通常発生する程度のものであり，仕損品評価額は 1,000 円である。なお，両者負担の場合には素材費から，完成品のみ負担の場合には，完成品総合原価から控除する。

（a）生産データ

月初仕掛品	400 個	（加工進捗度 40%）
当月投入	1,700 個	
合計	2,100 個	
月末仕掛品	500 個	（加工進捗度 60%）
正常仕損	100 個	（ (1)50%　(2)80% ）
完成品	1,500 個	

（b）月初仕掛品原価　　素材費　163,000 円　　加工費　58,800 円

（c）当月製造費用　　　素材費　656,000 円　　加工費　618,000 円

●解答・解説●

(1)仕損の発生点が加工進捗度 50%であった場合

　正常仕損が月末仕掛品の加工進捗度より前の時点で発生しており，正常仕損を完成品と月末仕掛品の両者が負担するので，正常仕損品の評価額を当月製造原価より控除してから，月末仕掛品原価および完成品総合原価を計算する。

　ワークシートを作成すると次のようになる。

	素材費		加工費	
	数量	金額	数量	金額
月初仕掛品	400	163,000	160	58,800
当月投入	1,600	655,000	1,640	618,000
計	2,000	818,000	1,800	676,800
月末仕掛品	500	204,500	300	112,800
完成品	1,500	613,500	1,500	564,000

当月投入　　　　656,000 − 1,000 ＝ 655,000
月末仕掛品原価　204,500 ＋ 112,800 ＝ 317,300
完成品総合原価　613,500 ＋ 564,000 ＝ 1,177,500

(2)仕損の発生点が加工進捗度 80%であった場合

　正常仕損が月末仕掛品の加工進捗度より後の時点で発生しており，正常仕損は完成品のみが負担するので，月末仕掛品原価を計算した後に完成品総合原価から正常仕損品の評価額を控除する。

　ワークシートを作成すると次のようになる。完成品のみ負担なので，ワークシートを作成する際，正常仕損を完成品に加えて計算する。なお，加工費の計算の場合，加工進捗度を考慮する。したがって，完成品の数量は，素材費 1,600（1,500 ＋ 100），加工費 1,580（1,500 ＋ 100×80%）となる。

	素材費		加工費	
	数量	金額	数量	金額
月 初 仕 掛 品	400	163,000	160	58,800
当 月 投 入	1,700	656,000	1,720	618,000
計	2,100	819,000	1,880	676,800
月 末 仕 掛 品	500	195,000	300	108,000
完 成 品	1,600	624,000	1,580	568,800
		△ 1,000		
		623,000		

月末仕掛品原価　195,000 + 108,000 = 303,000

完成品総合原価　624,000 − 1,000 + 568,800 = 1,191,800

② 材料の追加投入の計算方法

　材料は工程の始点で投入された場合だけでなく，実際の製造現場では，材料を工程の途中で追加することがある。例えば，イチゴのケーキを作るときに，素材である小麦や牛乳（材料）でスポンジを作り，生クリーム（材料）を塗り，最後に，イチゴ（材料）をのせるような場合である。

　このように材料を工程の途中で追加することを材料の追加投入という。なお，材料の追加投入の計算方法は，材料の投入時点によって異なる。

(1)工程の終点で追加投入する場合

　工程の終点（加工進捗度100%）の時点で材料を追加投入する場合，月初仕掛品と月末仕掛品は，材料の追加投入点を通過していないため，完成品を作るためだけに消費されたので，全額，完成品総合原価となる。

(2)工程の途中で追加投入する場合

　材料を工程の途中で追加投入する場合，材料の追加投入点と月初仕掛品および月末仕掛品の加工進捗度を比べて追加材料が月初仕掛品や月末仕掛品に消費されているかどうか判断する。

(3)工程を通じて平均的に追加投入する場合

　工程を通じて材料を平均的に追加投入する場合，加工進捗度が進めば進むほど直接材料費が多く発生する。これは，加工費の発生の仕方と類似しており，加工費の計算と同様

に，加工進捗度を考慮した生産データに基づく計算を行う。

〔例題 17-2〕

次の資料により，(1)月末仕掛品原価と(2)完成品総合原価を求めなさい。

《資料》

i　A原料は工程の始点で，B原料は工程を通じて平均的に，C原料は工程の終点で投入されるものとする。

ii　月末仕掛品の計算は平均法による。

（a）生産データ

月初仕掛品	300 個	（加工進捗度 40％）
当 月 投 入	4,700 個	
合　計	5,000 個	
月末仕掛品	400 個	（加工進捗度 50％）
完 成 品	4,600 個	

（b）月初仕掛品原価

A原料費　86,000 円　　B原料費　24,000 円　　加 工 費　26,000 円

（c）当月製造費用

A原料費　980,000 円　　B原料費　540,000 円　　C原料費　280,000 円

加 工 費　1,060,000 円

●解答・解説●

(1) B原料費…工程を通じて平均的に追加投入する場合

材料を工程を通じて平均的に追加投入する場合，加工進捗度が進めば進むほど直接材料費が多く発生する。これは，加工費の発生の仕方と類似しており，加工費の計算と同様に，加工進捗度を考慮した生産データに基づく計算を行う。

(2) C原料費…工程の終点で追加投入する場合

工程の終点（加工進捗度 100％）の時点で材料を追加投入する場合，月初仕掛品と月末仕掛品は，材料の追加投入点を通過していないため，完成品を作るためだけに消費されたので，全額，完成品総合原価となる。したがって，月初仕掛品原価と月末仕掛品原価は，0（ゼロ）となる。

ワークシートを作成すると次のようになる。

	A原料費		B原料費		C原料費		加工費	
	数量	金額	数量	金額	数量	金額	数量	金額
月初仕掛品	300	86,000	120	24,000	0	0	120	26,000
当月投入	4,700	980,000	4,680	540,000	4,600	280,000	4,680	1,060,000
計	5,000	1,066,000	4,800	564,000	4,600	280,000	4,800	1,086,000
月末仕掛品	400	85,280	200	23,500	0	0	200	45,250
完成品	4,600	980,720	4,600	540,500	4,600	280,000	4,600	1,040,750

(1)月末仕掛品原価　85,280 + 23,500 + 45,250 = 154,030

(2)完成品総合原価　980,720 + 540,500 + 280,000 + 1,040,750 = 2,841,970

※第17章には基本練習問題はありません

第 17 章　発展練習問題

問題 17-1　当社では，材料 A を工程の始点で投入し，工程を通じて材料 B を平均的に投入し製品を生産している。原価計算の方法としては，単純総合原価計算を採用している。次の資料に基づいて，下記の総合原価計算表を完成しなさい。ただし，原価投入額合計を完成品総合原価と月末仕掛品原価とに配分する方法として先入先出法を用いている。

《資料》
1．当月の生産データ

月初仕掛品量　　　　200 個（加工進捗度 50%）

当月投入量　　4,200 個

月末仕掛品量　　　　400 個（加工進捗度 60%）

2．当月の原価データ

月初仕掛品原価　　1,340,000 円

当月製造費用　　　4,170,000 円

※原価データは解答欄にも示してある。

［解答欄］

総合原価計算表　　　　　（単位：円）

	材料 A 金額	材料 B 金額	加工費 金額
月 初 仕 掛 品	800,000		
当 月 投 入	2,100,000	828,000	
計	2,900,000		1,542,000
月 末 仕 掛 品			
完 成 品			

問題 17-2 当社では，単純総合原価計算を採用している。次の資料に基づいて，下記の問いに答えなさい。なお，原価投入額合計を完成品総合原価と月末仕掛品原価に配分する方法として平均法を用いること。

《資料》

1 生産データ

月初仕掛品	600 個	（30%）
当月投入	2,200 個	
合計	2,800 個	
正常仕損	200 個	
月末仕掛品	600 個	（25%）
完成品	2,000 個	

※1 材料は工程の始点ですべて投入されるものとする。

※2 （ ）内は，加工進捗度を示す。

※3 仕損は，通常発生する程度のものであり，仕損品評価額は 2,800 円である。なお，両者負担の場合には，材料費から，完成品のみ負担の場合には，完成品から控除する。

2 原価データ

月初仕掛品原価	材料費	125,000 円	加工費	72,100 円
当月製造費用	材料費	605,800 円	加工費	431,000 円

問1 正常仕損の発生点が 50%のときの完成品総合原価，完成品単位原価および月末仕掛品原価を計算しなさい。

問2 正常仕損の発生点が 20%のときの完成品総合原価，完成品単位原価および月末仕掛品原価を計算しなさい。

[解答欄]

問1

完成品総合原価 [　　　　　] 円　　月末仕掛品原価 [　　　　　] 円

問2

完成品総合原価 [　　　　　] 円　　月末仕掛品原価 [　　　　　] 円

第**18**章 直接原価計算

【第18章の到達目標】

・直接原価計算の構造を理解する前提となる固定費と変動費について基本的な性質を正しく理解する。
・変動費と固定費を分解する手法として特に高低点法をマスターする。
・直接原価計算の構造のうち，特に限界利益と営業利益の違い，固定費の取り扱いについて十分に理解する。

① 変動費と固定費

(1)変動費と固定費の特徴

　これまでの章では形態別分類を前提としてさまざまな種類の原価について学んできたが，生産量や販売量を基準として原価を分類することもできる。すなわち，生産量や販売量に応じて金額が比例的に増加するタイプの原価と，生産量や販売量とは関係なく常に一定額が発生するタイプの原価がある。例えば，典型的な例として，原材料は生産数量に応じて使用量が増えて材料費も増大するので前者のタイプに該当するが，工場建物の減価償却費は生産量が増加しても減価償却費が増大するわけではなく，減価償却費の金額は常に一定である。生産量だけではなく販売量に応じて増減したり，増減しなかったりする費用もある。

　このように生産量や販売量に応じて比例的に金額が増加するタイプの原価あるいは費用を**変動費**という。一方で，生産量や販売量とは無関係に常に一定額の費用が発生するタイプの原価あるいは費用を**固定費**という。工業簿記や原価計算では，生産量や販売量のように原価を変動費と固定費とに分類する基準のことを特に**操業度**と呼ぶ。操業度は厳密にいうと，工場内の生産設備や労働力の稼働状況を表し，具体的には生産量，直接作業時間および機械稼働時間などが該当する。したがって，操業度に応じて比例的に発生金額が増えるのが変動費であり，操業度と関係なく発生金額が常に一定なのが固定費である。変動費と固定費をグラフで表したものが図表18-1となる。x軸を操業度，y軸を原価の発生額とした場合，変動費のグラフは操業度が1単位増えるごとにa円ずつ原価が増加していくので，y＝axの一次関数のグラフで表すことができて，このaの数値を特に変動費率と呼

ぶ。一方で，固定費は操業度の増加に関わらず一定額 b 円が発生し続けるので y＝b という直線のグラフになる。

　原価を変動費と固定費に分類することで，原価管理および経営意思決定に役立つさまざまな会計情報が得られる。直接原価計算（第18・19章）と CVP 分析（第20章）は代表的な手法であり，原価計算や工業簿記だけではなく，管理会計の観点からも重要な考え方である。

図表 18-1　変動費と固定費のイメージ

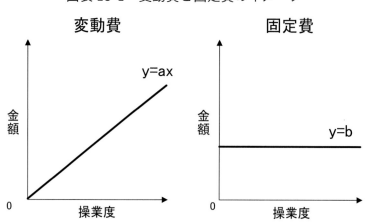

(2)変動費と固定費の回収のタイミング

　原価が発生したことによって支出したお金は最終的に売上高によって回収する必要がある。しかし，変動費と固定費は回収のタイミングが異なることに注意が必要である。

　身近な例として，大学のサークルで焼きそばの模擬店を営業するケースを考えよう。この例では，変動費として焼きそばの麺，固定費として鉄板について考える。焼きそばが1個販売された場合，その売上高で1個分の麺の原価を全額回収する必要があるが，鉄板の購入代金（原価）を全額回収することはできない。したがって，製造原価の場合には，変動費は直近の売上高で全額をすぐに回収する必要がある一方で，固定費は会計期間内の売上高の中から少しずつ回収すればよいことになる。なお，固定費であっても販売費及び一般管理費に属するものは費用収益対応の原則から，その費用が発生した期間の収益と対応させる必要があるため期間原価として扱われる点に注意が必要である。

2 原価の固変分解

(1)固変分解の必要性と原価予測

　原価や費用には，明確に変動費あるいは固定費であることが識別できる場合もある一方で，両者が混在した状態で発生する場合もある。そこで，直接原価計算を採用するために

は，**原価の固変分解**と呼ばれる作業を行って，何らかの方法によって原価を変動費と固定費に分解することが必要になる。以下では，製造原価の固変分解について検討する。

　原価の固変分解を行って，変動費と固定費に分解すると，原価は変動費のグラフ（y＝ax）と固定費のグラフ（y＝b）を組み合わせた y＝ax＋b のグラフで表現できる。このような y＝ax＋b のグラフを特に原価関数という。原価関数において a は常に正の数となることから，原価関数のグラフは右肩上がりの一次関数として表現できる。原価関数がわかれば，x に操業度を代入することで，原価の総額（y）を簡単に把握できることから，原価関数は将来発生する原価の予測を行う際にも重要な役割を果たす。

　原価の固変分解には，費目別精査法のように費目ごとに特徴を考慮したうえで原価を変動費と固定費に分解する方法，スキャッターチャート（散布図）法のように直観的に分解する方法，最小二乗法のように統計学の理論から固変分解する方法もあるが，日商簿記検定 2 級では**高低点法**がよく出題されることから，本書では高低点法の解説を行う。

(2)高低点法

　高低点法とは，操業度と原価に関するデータの組み合わせの中から最大値と最小値の 2 つを選び，それらに基づいて数学的手法を用いて原価関数を導くことによって，原価を変動費と固定費に分類しようとする方法である。この方法は理解しやすく計算も簡単である一方で，2 つのデータだけで原価関数を導こうとするため理論的な問題点もある。

　図表 18-2 に示すように，座標軸上の x 軸に操業度，y 軸に原価発生額をプロットして，最大値と最小値の 2 点を結ぶ原価関数 y＝ax＋b を導くことで，グラフの傾きである変動費率（a）とグラフの切片である固定費額（b）をそれぞれ求める。

図表 18-2　高低点法と原価関数

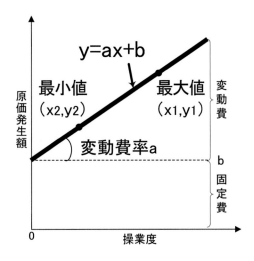

〈参考〉高低点法で必要となる数学の知識

　　高低点法の問題は実際には，2点を通過する直線の方程式（＝原価関数）を求める問題と同じである。座標軸上の通過する2点（x_1, y_1），（x_2, y_2）がわかる場合の直線の方程式は次の手順で求める。

（1）$y = ax + b$ の x と y の部分に通過する2点の座標を代入し，以下のような連立方程式を得る。

$$\begin{cases} y_1 = ax_1 + b \cdots ① \\ y_2 = ax_2 + b \cdots ② \end{cases}$$

（2）①と②より得られる a と b が直線の方程式の傾き（a＝変動費率）と切片（b＝固定費）である。

（3）（2）より図表 18-2 のような $y = ax + b$ のグラフが得られる。操業度（生産数量など）が1単位増加するごとに変動費が a ずつ増加し，固定費は一定となる。

　なお，高低点法で扱うデータの中に外れ値（異常値）が含まれていると高低点法で導かれる原価関数にも影響が出ることから，あらかじめ正常操業度を定めたうえで，正常操業度の範囲に収まらないデータは外れ値として除外することも多い（例題 18-1 参照）。

〔例題 18-1〕

　次の資料に基づき，高低点法によって変動費率および固定費額を計算しなさい。なお，当社では月間の直接作業時間が 500 時間〜650 時間の範囲を正常操業度と定めている。また，7月の直接作業時間が 640 時間と予測される場合，製造間接費発生額を予測しなさい。

《資料》

過去6ヶ月の直接作業時間と製造間接費発生額は以下の通りである。

	直接作業時間	製造間接費発生額		直接作業時間	製造間接費発生額
1月	510 時間	38,950 円	4月	605 時間	43,225 円
2月	475 時間	37,375 円	5月	535 時間	40,075 円
3月	690 時間	47,050 円	6月	625 時間	44,125 円

●解答●

変動費率：45 円 / 時

固定費額：16,000 円

7月の製造間接費発生額：44,800 円

【解説】

　正常操業度が 500〜650 時間であるから，2月と3月は高低点法の計算対象から除外される。1・4・5・6月の中から直接作業時間と製造間接費発生額の数値が最大と最小になる月を選ぶと，

　　最大値：6月（625 時間，44,125 円）

　　最小値：1月（510 時間，38,950 円）であるから，

　$y = ax + b$ の x に直接作業時間，y に製造間接費発生額を代入して，次の連立方程式を得る。

$$\begin{cases} 44,125 = 625\,a + b \cdots ① \\ 38,950 = 510\,a + b \cdots ② \end{cases}$$

これを解くと a＝45，b＝16,000 だから変動費率 45 円 / 時，固定費額 16,000 円である。

したがって，原価関数は y＝45x＋16,000 であるから，7 月の製造間接費発生額（y）は x に 640 を代入すれば，y＝45×640＋16,000＝44,800 円となる。

⇒基本練習問題 18-1 を解答

 3 直接原価計算の構造

(1)基本的な計算構造

　直接原価計算とは，費用（売上原価と，販売費及び一般管理費）を変動費と固定費に分けて**営業利益**の計算を行う原価計算手法であり，その計算構造には次のような特徴がある。

・費用を変動費と固定費に区分したうえで損益計算書に記載する。
・変動費は変動売上原価および変動販売費として当期の販売数量に応じた金額を計上する一方で，固定費は期間原価として当期中の実際発生額を計上する。
・**限界利益**という直接原価計算に固有の利益概念が登場する。

　直接原価計算を採用することで，短期利益計画の策定や経営意思決定に役立つ会計情報を得られることから経営管理に有用な原価計算手法だが，現行（2020 年 4 月 1 日現在）の会計基準では財務諸表の作成に直接原価計算を用いることは認められていない。

　直接原価計算の採用とは，具体的には直接原価計算を用いて損益計算書を作成することを意味する。そこで，直接原価計算によって損益計算書を作成すると，次のようになる。

損益計算書

Ⅰ	売上高	200,000
Ⅱ	変動売上原価	90,000
	変動製造マージン（注 1）	110,000
Ⅲ	変動販売費	18,000
	限界利益（注 2）	92,000
Ⅳ	固定費	
	1.固定製造原価　　50,000	
	2.固定販売費及び一般管理費　12,000	62,000
	営業利益	30,000

（注 1）　売上高から変動売上原価を差し引いた金額を変動製造マージンと呼ぶが，変動製造マージンは記入が省略される場合もある。

（注 2）　限界利益を貢献利益と表記し，限界利益と貢献利益は同じと解説しているテキストや問題集もみられるが，厳密には両者は異なる利益概念である。以下，本書では売上高から変動費を差し引いた金額のことを「限界利益」と表記する。

(2)限界利益の意味

　上記の損益計算書において，限界利益は①と②の 2 通りの表記が可能である。すなわ

ち，

① 売上高－変動費＝限界利益

② 限界利益－固定費＝営業利益　⇔　限界利益＝固定費＋営業利益

　まず，①式において限界利益がマイナスになる場合，"売上高 ＜ 変動費"となり，製造すればするほど赤字が増していく状態であるから特別な理由がない限りすぐに製造を中止すべきである。したがって，限界利益は製造中止の決定を下す判断材料の1つといえる。

　また，①式で限界利益がプラスであり，かつ"限界利益 ＞ 固定費"の場合，②式によって固定費を回収したとしてもなお営業利益が残ることになる。これは企業にとって望ましい状態である。限界利益はプラスであると同時に，固定費額を上回る金額を確保して，これを固定費の回収に充てることが不可欠である。それゆえに，限界利益は経営管理上も重要な情報だが，これは直接原価計算を採用しないと得られない。

〔例題 18-2〕

　次の資料に基づき，直接原価計算方式の損益計算書を完成させなさい。なお，棚卸資産の評価は，先入先出法によるものとし，期首と期末に仕掛品は存在せず，棚卸減耗損も発生しないものとする。

《資料》

期首製品棚卸高	100個	期首製品変動製造原価	@250円
当期生産量	650個	期末製品棚卸高	250個
変動製造原価	@270円	変動販売費	@21円
当期固定製造原価	37,300円	固定販売費	9,000円
一般管理費	12,000円	当期販売量	500個
販売価格	@480円		

●解答●

Ⅰ 売上高		240,000
Ⅱ 変動売上原価		133,000 Ⓐ
変動製造マージン		107,000
Ⅲ 変動販売費		10,500
限界利益		96,500
Ⅳ 固定費		
1．固定製造原価	37,300 Ⓑ	
2．固定販売費	9,000 Ⓒ	
3．一般管理費	12,000 Ⓒ	58,300
営業利益		38,200

【解説】

Ⓐ棚卸資産（製品）の評価は先入先出法だから，当月販売分500個のうち100個は期首製品，400個は

当期完成品である。したがって，変動売上原価は次のように計算する。

$250 \times 100 + 270 \times 400 = 133,000$

Ⓑ固定製造原価は期間原価なので実際発生額を記入する。したがって，37,300 円は当期生産量 650 個分に対する固定製造原価であることに注意する。

Ⓒ固定販売費及び一般管理費は期間原価なので，当期中の実際発生額をそのまま記入する。

⇒基本練習問題 18-2 を解答

第18章　基本練習問題

問題 18-1　次の資料に基づき，高低点法による原価の固変分解を行い，変動費率と固定費額を計算しなさい。また，10月の直接作業時間が386時間と予想される場合に，予想される製造間接費発生額を計算しなさい。なお，正常操業度は 350 ± 100 時間の範囲である。

《資料》過去6ヶ月間の直接作業時間と製造間接費発生額

	直接作業時間	製造間接費発生額		直接作業時間	製造間接費発生額
4月	436 時間	89,600 円	7月	364 時間	79,160 円
5月	216 時間	57,700 円	8月	400 時間	84,380 円
6月	560 時間	107,580 円	9月	318 時間	72,490 円

[解答欄]

変動費率　　　　　　　　　　　　　　　　　円 / 時

固定費額　　　　　　　　　　　　　　　　　円

10月の製造間接費発生予想額　　　　　　　　円

問題 18-2 次の資料に基づき，直接原価計算方式の損益計算書を完成させなさい。なお，棚卸資産の評価は，先入先出法による。また，期首仕掛品と期末仕掛品は存在せず，棚卸減耗損も発生しないものとする。

《資料》

期首製品棚卸数量	150 個
期首製品変動製造原価	@700 円
当期生産量	420 個
期末製品棚卸数量	100 個
期末製品変動製造原価	@650 円
変動販売費	売上高の 8 ％
当期固定製造原価	78,900 円
固定販売費	22,200 円
一般管理費	11,600 円（すべて固定費）

［解答欄］

Ⅰ 売上高 （　　　　）
Ⅱ 変動売上原価 （　　　　）
　　変動製造マージン （　　　　）
Ⅲ 変動販売費 　40,000
　　限界利益 （　　　　）
Ⅳ 固定費
　　1.固定製造原価 （　　　　）
　　2.固定販売費 （　　　　）
　　3.一般管理費 （　　　　）（　　　　）
　　営業利益 （　　　　）

第 18 章　発展練習問題

問題 18-3　当社は製品Ａのみを生産および販売している。次の資料に基づき，後の問いに答えなさい。

《資料１》

当期の製品Ａの生産データおよび販売データは次の通りである。なお，当期を通じて製品の販売単価は 1,300 円で一定であった。また，（　　）は加工進捗度を表し，当期中に仕損および減損は発生していない。

期首仕掛品	300 個（0.3）	期首製品	200 個
当 期 投 入	1,450 個	当期完成	1,500 個
合　　計	1,750 個	合　　計	1,700 個
期末仕掛品	250 個（0.4）	期末製品	300 個
当 期 完 成	1,500 個	当期販売	1,400 個

《資料２》

製造原価，販売費及び一般管理費に関する資料は次の通りである。なお，資料２の各データは前期と当期では変化しないものとする。

（Ａ）変動費

直接材料費　200 円／個
直接労務費　250 円／個
製造間接費　180 円／個
販売費　　　 50 円／個

（Ｂ）固定費

製造間接費　181,200 円（期間総額）
販売費　　　100,000 円（期間総額）
一般管理費　240,000 円（期間総額）

問1　直接原価計算方式の損益計算書を完成させなさい。なお，製造間接費は実際配賦しているものとする。また，期末仕掛品および期末製品の評価は先入先出法による。

問2　製造間接費のうち変動費部分について，生産数量を配賦基準として予定配賦を行った場合，原価差異はいくらになるか答えなさい。なお，年間の製造間接費（変動費部分のみ）の予算は 281,200 円，正常生産数量は 1,520 個であるものとする。

[解答欄]

問1

損益計算書

Ⅰ　売上高　　　　　　　　　　　（　　　　　　）

Ⅱ　変動売上原価　　　　　　　　（　　　　　　）

　　　変動製造マージン　　　　　（　　　　　　）

Ⅲ　変動販売費　　　　　　　　　（　　　　　　）

　　　限界利益　　　　　　　　　（　　　　　　）

Ⅳ　固定費

　　1.固定製造原価　　　（　　　　　　）

　　2.固定販売費　　　　（　　　　　　）

　　3.一般管理費　　　　（　　　　　　）（　　　　　　）

　　　営業利益　　　　　　　　　　（　　　　　　）

問2　（借方または貸方のいずれかを○で囲むこと）

原価差異は　　　　　　　　円の　　借方　　貸方　　差異

第 **19** 章　全部原価計算と直接原価計算

【第 19 章の到達目標】

・全部原価計算と直接原価計算の計算構造の違いを正確に理解し，どちらの方式でも損益計算書を正確に作成できるようにする。

・直接原価計算の計算結果を外部報告に活用する目的で，全部原価計算の計算結果に修正するための固定費調整の意義とその具体的な方法について理解する。

1　全部原価計算の特徴

第 18 章では直接原価計算の構造について学んだが，直接原価計算の対極に位置するのが**全部原価計算**である。本書の第 17 章以前でさまざまな原価計算について学んできたが，実はこれらはすべて全部原価計算であった。

直接原価計算は部分原価計算と呼ばれる場合がある。これは，直接原価計算では変動費と固定費を分けて計算することに由来する。これに対して，全部原価計算では変動費と固定費を区分して表示せずに全部一緒に計算する。それゆえに全部原価計算と呼ばれる。

全部原価計算には後述するような理論的な問題点が含まれていることから，経営管理目的に限れば直接原価計算の方が有用である。しかしながら，日本の現行（2020 年 4 月 1 日現在）の会計基準において，財務諸表の作成にあたり採用が認められているのは全部原価計算であり，直接原価計算を用いて財務諸表を作成することは認められていない。それゆえに経営管理に役立てるために直接原価計算方式で原価を集計したとしても最終的に全部原価計算に組み替える作業を行わざるを得ない。

全部原価計算を用いて損益計算書を作成した例を示すと次の通りである。

損益計算書

Ⅰ	売上高	200,000
Ⅱ	売上原価	140,000
	売上総利益	60,000
Ⅲ	販売費及び一般管理費	20,000
	営業利益	40,000

　売上原価は，直接原価計算であれば変動費のみが計上されるが，全部原価計算では変動費と固定費が区別されずに製造原価がまとめて売上原価として計上されている。それゆえに，直接原価計算と比較した場合，固定製造原価に対する計算方法が大きく異なり（詳細は後述），これが直接原価計算と全部原価計算の最大の相違点といえる。また，売上高から売上原価を引いて求められる**売上総利益**は全部原価計算だけにみられる特徴である。

② 全部原価計算と直接原価計算の比較検討

　製造原価のうち固定製造原価に対する計算方法が全部原価計算と直接原価計算とでは大きく異なる。次の 3 つの例題 19-1，例題 19-2 および例題 19-3 について検討し，両者の違いを明らかにする。

〔例題 19-1〕

　販売単価 300 円の製品 X を当期に 100 個製造する。製品 X を 1 個製造する際に発生する変動費は 100 円，原価計算期間中に発生した固定製造原価（製造原価に占める固定費部分）は 15,000 円である。製品 X は製造した 100 個すべてが当期中に販売されて，さらに期首と期末に仕掛品および製品の在庫はない。このとき，全部原価計算方式で損益計算書を作成しなさい。なお，販売費及び一般管理費は 2,000 円（すべて固定費）であった。

●解答●

※参考　直接原価計算方式で作成した損益計算書

損益計算書（全部原価計算）

Ⅰ	売上高	30,000
Ⅱ	売上原価	25,000
	売上総利益	5,000
Ⅲ	販売費及び一般管理費	2,000
	営業利益	3,000

損益計算書（直接原価計算）

Ⅰ	売上高	30,000
Ⅱ	変動売上原価	10,000
	限界利益	20,000
Ⅲ	固定費	
	1.固定製造原価	15,000
	2.販売費及び一般管理費	2,000
	営業利益	3,000

【解説】

　全部原価計算で作成した損益計算書の売上原価 25,000 円の内訳は変動費部分 @100 円×100 個＝10,000 円と固定費 15,000 円の合計である。

　例題 19-1 から明らかなように，製造した製品がすべて販売された場合で，かつ期首と期末に仕掛品および製品在庫がない場合には，全部原価計算と直接原価計算では営業利益は同額になる。しかし，このようなケースは通常はほとんどなく，製造した製品が売れ

158

残ったり，期首や期末に仕掛品や製品在庫が存在したりするのが一般的である。そこで，当期に製造した製品が売れ残ったケースにおいて，全部原価計算と直接原価計算ではどのような違いが生じるかについて例題 19-2 を通じて検討する。

〔例題 19-2〕

　　販売単価 300 円の製品 X を当期中に 100 個製造し，90 個が販売された。製品 X を 1 個製造する際に発生する変動費は 100 円，原価計算期間中に発生した固定製造原価は 15,000 円である。このとき，全部原価計算方式で損益計算書を作成しなさい。なお，期首と期末に仕掛品および製品の在庫はなく，販売費及び一般管理費は 2,000 円（すべて固定費）であった。

●解答●

損益計算書（全部原価計算）

I	売上高	27,000
II	売上原価	22,500
	売上総利益	4,500
III	販売費及び一般管理費	2,000
	営業利益	2,500

※参考　直接原価計算方式で作成した損益計算書

損益計算書（直接原価計算）

I	売上高	27,000
II	変動売上原価	9,000
	限界利益	18,000
III	固定費	
	1. 固定製造原価	15,000
	2. 販売費及び一般管理費	2,000
	営業利益	1,000

【解説】

　売上原価の 22,500 円は変動製造原価（9,000 円）と固定製造原価（13,500 円）を合わせた金額である。それぞれの計算は次の通りである。

・変動製造原価：@100 円 × 90 個 = 9,000 円
・固定製造原価：15,000 円 ÷ 100 個 × 90 個 = 13,500 円

　ここで注意したいのが固定製造原価の計算方法である。全部原価計算では固定製造原価の総額を当期の製造数量で割ることで製品 1 個当たり固定製造原価（150 円）を計算し，これに当期の販売数量をかけることで売上原価を計算している。この計算方法は全部原価計算に特徴的なものである。一方で，参考として示した直接原価計算方式で作成した損益計算書では，固定製造原価は当期の販売個数に関係なく当期の発生分 15,000 円全額を固定製造原価として計上する。

　なお，販売費及び一般管理費は期間原価として処理し，当期発生額をそのまま計上するため，全部原価計算を採用している場合であっても固定製造原価に対して行うような計算は行わない。

　例題 19-2 から明らかなように，当期に製造した製品が売れ残るケースでは全部原価計算と直接原価計算のどちらを採用したかによって営業利益の金額が変わってくる。その要因は固定製造原価に対する計算方法の違いによるものである。例題 19-2 では両者の営業利益の差額は 1,500 円であるが，これは当期に売れ残った 10 個分の固定製造原価（150 円

×10 個＝1,500 円）を費用計上するか否かによって生じている。

〔例題 19-3〕

当社は販売単価が 300 円の製品 X を，第 1 期は 100 個製造し，第 2 期は 500 個製造した。第 1 期および第 2 期ともに製品 X は 100 個販売された。製品 X の 1 個当たり変動製造原価は 100 円で，当期中に発生した固定製造原価は 15,000 円である。全部原価計算によって第 1 期と第 2 期の損益計算書を作成しなさい。なお，販売費及び一般管理費は 2,000 円（すべて固定費）であった。また，販売単価等の各種データは第 1 期および第 2 期を通じて変化しないものとする。

●解答●

損益計算書（第 1 期）		
I　売上高	30,000	
II　売上原価	25,000	Ⓐ
売上総利益	5,000	
III　販売費及び一般管理費	2,000	
営業利益	3,000	

損益計算書（第 2 期）		
I　売上高	30,000	
II　売上原価	13,000	Ⓑ
売上総利益	17,000	
III　販売費及び一般管理費	2,000	
営業利益	15,000	

【解説】

Ⓐ @100×100 個 ＋ 15,000÷100×100 ＝ 25,000 円

Ⓑ売上原価の変動費部分は例題 19-2 と同じく @100 円×100 個 ＝ 10,000 円である。

固定費部分（固定製造原価）は第 2 期の製造数量が 500 個であるから次のように計算する。

15,000÷500×100 ＝ 3,000 円

※参考　直接原価計算方式で作成した損益計算書

損益計算書（第 1 期）		
I　売上高		30,000
II　変動売上原価		10,000
限界利益		20,000
III　固定費		
1.固定製造原価	15,000	
2.販売費及び一般管理費	2,000	
営業利益		3,000

損益計算書（第 2 期）		
I　売上高		30,000
II　変動売上原価		10,000
限界利益		20,000
III　固定費		
1.固定製造原価	15,000	
2.販売費及び一般管理費	2,000	
営業利益		3,000

例題 19-3 から明らかなように，全部原価計算では第 1 期と第 2 期の販売数量および売上高は同じであるにもかかわらず，営業利益で 5 倍も違いがある。このような違いが生じる理由は，固定製造原価に対する計算方法が原因である。第 1 期に比べて多くの製品を製造した第 2 期は，製品 1 個当たり固定製造原価の金額が第 1 期の 1/5 倍となっていて，これが営業利益を押し上げている。

なお，例題 19-3 の参考から明らかなように，直接原価計算を採用した場合は，会計期間中の製造個数が増減したとしても固定製造原価は一定のため営業利益に変化はない。

③ 全部原価計算の問題点

例題 19-2 と例題 19-3 の検討を通じて，全部原価計算の問題点として，次の 2 点を指摘できる。

①固定製造原価を変動費のように取り扱う

②製造数量を必要以上に増大させることによって利益の水増しが生じる可能性がある

全部原価計算では固定製造原価を当期の製造数量で割って，製品 1 個当たりの固定製造原価を計算して，当期の販売数量分だけを費用として計上する。この計算方法は固定製造原価を変動費のように取り扱っていて，操業度（この場合は製造数量）に関わらず一定額が発生するという固定費の性質を無視している。

全部原価計算ではこのような計算方法を採用するため，製造数量を増やせば増やすほど製品 1 個当たりの固定製造原価を下げることができて営業利益が増大する。製造数量を増やしてもそれらが順調に販売されればよいが，例題 19-3 のように製造数量を増やしても販売数量が伸び悩んだ場合には，営業利益を水増しして計上していることになり，正しい期間損益計算を行っているとは言い難い状態になる。

⇒基本練習問題 19-1 を解答

④ 固定費調整

直接原価計算には変動費と固定費の分類に際して恣意性が入り込む余地があり，種々の方法を用いても原価を変動費と固定費に正確に分類できないという批判がある。しかしながら，全部原価計算には前述した問題点があり，さらに直接原価計算は短期利益計画の策定や原価管理にも有用な会計情報を提供するため，直接原価計算を採用することには一定の意義があると考えられる。

ところが，日本の現行（2020 年 4 月 1 日現在）の会計基準では，財務諸表を作成して企業外部の利害関係者に対して外部報告を行う際に直接原価計算の採用は認められていないため，外部報告目的には全部原価計算を採用しなければならない。そこで，経営管理目的で直接原価計算を採用している場合には，外部報告目的のために直接原価計算で算定した営業利益を全部原価計算で算定した営業利益に変換するために，**固定費調整**と呼ばれる作業が別途必要になる。

例題 19-2 と例題 19-3 から明らかなように，全部原価計算と直接原価計算で営業利益が

異なるのは固定製造原価の計算方法の違いによるものである。したがって，固定費調整では固定製造原価だけに注目する。直接原価計算では固定製造原価を全額費用計上するため，"製造数量 ≠ 販売数量"で，かつ期首と期末の仕掛品および期首の製品在庫がないとすれば，全部原価計算で算定した営業利益と直接原価計算で算定した営業利益の間には必ず次のような関係が成立する。

全部原価計算で算定した営業利益 ＞ 直接原価計算で算定した営業利益

したがって，直接原価計算で算定した営業利益に対して，期末時点で在庫となっている製品に含まれている固定製造原価（全部原価計算によって計算）を加算すると全部原価計算で算定した営業利益に等しくなる。それゆえに，期首と期末の仕掛品および期首の製品在庫がないケースであれば，次の等式が成り立つ。

全部原価計算で算定した営業利益＝直接原価計算で算定した営業利益
＋期末製品に含まれる固定製造原価

〔例題 19-4〕

例題 19-2 の結果に基づき，直接原価計算で算定した営業利益（1,000 円）を全部原価計算で算定した営業利益（2,500 円）に固定費調整するための計算プロセスを示しなさい。

●解答・解説●

例題 19-2 では期末の製品在庫は 10 個である。また，当期の固定製造原価が 15,000 円，当期の製造数量は 100 個だから，製品 1 個当たり固定製造原価は 150 円である。

したがって，期末製品に含まれる固定製造原価の金額は 150 円 × 10 個 ＝ 1,500 円であり，この金額を直接原価計算で算定した営業利益に加算すると全部原価計算で計算した営業利益と等しくなる。

固定費調整が必要な場面では，期末に製品在庫が発生するだけではなく，期首製品，期首仕掛品および期末仕掛品が生じるケースもありうる。これらの中にも固定製造原価が含まれているため，固定費調整にあたって加算（期末製品，期末仕掛品の場合）もしくは減算（期首製品，期首仕掛品の場合）が必要になる（※）。以上をまとめると，固定費調整は次の算式に基づいて行えばよい。

　　直接原価計算で算定した営業利益

＋）期末製品および期末仕掛品に含まれる固定製造原価

－）期首製品および期首仕掛品に含まれる固定製造原価

＝　　全部原価計算で算定した営業利益

　※期首製品や期首仕掛品は，前期末時点では期末製品や期末仕掛品であり，前期末の固定費調整に
　　よって直接原価計算で計算した営業利益に固定製造原価相当分を加算する処理を行っているため，
　　翌期首の時点では固定製造原価相当分を減算する。

⇒基本練習問題 19-2 を解答

第 19 章　基本練習問題

問題 19-1 当期に販売単価が 500 円の製品 A を 200 個製造し，190 個が販売された。製品 A を 1 個製造するのに発生する変動費は 300 円であり，製品 A を 1 個販売するために発生する変動費は 50 円である。また，当期に発生した固定費の総額は 26,000 円（うち製造原価が 20,000 円，販売費及び一般管理費は 6,000 円）である。

このとき，直接原価計算方式と全部原価計算方式でそれぞれ損益計算書を作成しなさい。ただし，期首製品，期首仕掛品および期末仕掛品は存在しないものとする。

[解答欄]

(A) 直接原価計算　　　　　　　　　　　　(B) 全部原価計算

損益計算書　　　　　　　　　　　　　　損益計算書

Ⅰ 売上高	(	)
Ⅱ 変動売上原価	(	)
変動製造マージン	(	)
Ⅲ 変動販売費	(	)
限界利益	(	)
Ⅳ 固定費		
1. 固定製造原価 (	)	
2. 固定販売費及び一般管理費 (	) (	)
営業利益	(	)

Ⅰ 売上高	(	)
Ⅱ 売上原価	(	)
売上総利益	(	)
Ⅲ 販売費及び一般管理費	(	)
営業利益	(	)

問題 19-2 当期に販売単価が 500 円の製品 B を 350 個製造し，280 個が販売された。製品 B を 1 個製造するのに発生する変動費は 240 円であり，製品 B を 1 個販売するために発生する変動費は 30 円である。また，当期に発生した固定費の総額は 44,000 円（うち製造原価が 38,500 円，販売費及び一般管理費は 5,500 円）である。なお，期首製品，期首および期末の仕掛品は存在しない。

　このとき，直接原価計算方式で損益計算書を作成し，固定費調整を行ったうえで，（　）に当てはまる数字を記入しなさい。

［解答欄］

損益計算書

Ⅰ　売上高　　　　　　　　　　　　　　（　　　　）
Ⅱ　変動売上原価　　　　　　　　　　　（　　　　）
　　変動製造マージン　　　　　　　　　（　　　　）
Ⅲ　変動販売費　　　　　　　　　　　　（　　　　）
　　限界利益　　　　　　　　　　　　　（　　　　）
Ⅳ　固定費
　　1．固定製造原価　　　　　（　　　　）
　　2．固定販売費及び一般管理費　（　　　　）（　　　　）
　　営業利益　　　　　　　　　　　　　（　　　　）
　　期末製品に含まれる固定製造原価　　（　　　　）
　　期首製品に含まれる固定製造原価　　（　　　　）
　　全部原価計算の営業利益　　　　　　（　　　　）

第 19 章　発展練習問題

問題 19-3　次の資料に基づいて，以下の問いに答えなさい。ただし，資料 1 ～ 7 の
データは第 1 期と第 2 期を通じて変わらないものとする。

〔資料〕1．単位当たり変動製造原価　　　　　＠240 円
　　　　2．固定製造原価　　　　　　　　800,000 円（期間原価）
　　　　3．変動販売費　　　　　　　売上高の 1/14
　　　　4．固定販売費　　　　　　　　120,000 円（期間原価）
　　　　5．一般管理費（すべて固定費）　90,000 円（期間原価）
　　　　6．販売単価　　　　　　　　　　　＠700 円
　　　　7．生産および販売に関するデータ

	第 1 期	第 2 期
当期製品生産量	4,000 個	3,200 個
当期製品販売量	3,800 個	2,800 個
期末製品在庫量	200 個	各自推定

注 1：製品の払出単価は先入先
出法によって計算する。

注 2：各期首・期末ともに仕掛
品は存在しない

問 1　(A)全部原価計算と(B)直接原価計算を採用した場合の，第 1 期および第 2 期の損
益計算書をそれぞれ作成しなさい。なお，製造間接費は実際配賦しているものとす
る。

　　（A）全部原価計算方式で作成した損益計算書（第 1 期）
損 益 計 算 書
　　Ⅰ　売 上 高　　　　　　　（　　　　　　）
　　Ⅱ　売 上 原 価　　　　　　（　　　　　　）
　　　　売上総利益　　　　　　（　　　　　　）
　　Ⅲ　販売費及び一般管理費　（　　　　　　）
　　　　営業利益　　　　　　　（　　　　　　）

166

（B）直接原価計算方式で作成した損益計算書（第1期）

損 益 計 算 書

Ⅰ　売　上　高　　　　　　　　　　　　　　　　　　（　　　　　　）

Ⅱ　変動売上原価　　　　　　　　　　　　　　　　　（　　　　　　）

　　変動製造マージン　　　　　　　　　　　　　　　（　　　　　　）

Ⅲ　変動販売費　　　　　　　　　　　　　　　　　　（　　　　　　）

　　限界利益　　　　　　　　　　　　　　　　　　　（　　　　　　）

Ⅳ　固定費

　　1．固定製造原価　　　　　　　　（　　　　　　）

　　2．固定販売費及び一般管理費　　（　　　　　　）（　　　　　　）

　　営業利益　　　　　　　　　　　　　　　　　　　（　　　　　　）

（A）全部原価計算方式で作成した損益計算書（第2期）

損 益 計 算 書

Ⅰ　売　上　高　　　　　　　（　　　　　　）

Ⅱ　売　上　原　価　　　　　（　　　　　　）

　　売上総利益　　　　　　　（　　　　　　）

Ⅲ　販売費及び一般管理費　　（　　　　　　）

　　営業利益　　　　　　　　（　　　　　　）

（B）直接原価計算方式で作成した損益計算書（第2期）

損 益 計 算 書

Ⅰ　売　上　高　　　　　　　　　　　　　　　　　　（　　　　　　）

Ⅱ　変動売上原価　　　　　　　　　　　　　　　　　（　　　　　　）

　　変動製造マージン　　　　　　　　　　　　　　　（　　　　　　）

Ⅲ　変動販売費　　　　　　　　　　　　　　　　　　（　　　　　　）

　　限界利益　　　　　　　　　　　　　　　　　　　（　　　　　　）

Ⅳ　固定費

　　1．固定製造原価　　　　　　　　（　　　　　　）

　　2．固定販売費及び一般管理費　　（　　　　　　）（　　　　　　）

　　営業利益　　　　　　　　　　　　　　　　　　　（　　　　　　）

問2　問1の結果をふまえて，第2期において固定費調整表を作成した場合，（　①　）と（　⑤　）に当てはまる適切な語句と，（　②　）〜（　④　），（　⑥　）に当てはまる適切な数値をそれぞれ答えなさい。

（　　①　　）方式で作成した損益計算書の営業利益　　（　　②　　）

期末製品に含まれる固定製造原価　　　　　　　　　（　　③　　）

期首製品に含まれる固定製造原価　　　　　　　　　（　　④　　）

（　　⑤　　）方式で作成した損益計算書の営業利益　　（　　⑥　　）

①	②	③
④	⑤	⑥

第**20**章 CVP 分析

【第 20 章の到達目標】

・直接原価計算によって明示される限界利益の意味を理解する。

・原価を固定費と変動費に分解し，損益分岐点分析（CVP 分析）について理解する。

1 直接原価計算と短期利益計画

　厳しい経済環境の中で企業を維持し，さらに発展させて行くには，経営活動についての計画が必要である。例えば，株主に対して一定の配当を行うためには利益を上げなければならない。そのとき，企業ではこれだけの利益を上げるにはどのような経営活動をすればよいかという計画が必要となる。そのために立案されるのが**短期利益計画**である。

　短期利益計画を立案するには，来年はいくらの利益を目標にし，それを達成するためにはどれだけの売上高が必要なのか，といった情報が必要となる。

　今まで学んだ原価計算は，製品の製造に関連して生じたすべての原価要素を製品の原価として計算する全部原価計算の方法であったが，全部原価計算では，短期利益計画に必要な情報は入手できない。原価の中には売上高の増減に伴い比例的に増減する変動費と，まったく変化しない固定費があるので，全部原価計算では売上高の増減の際に原価・利益がどのように変化するのか予測できないからである。

　そこで，短期利益計画のために，原価要素の一部分を集計して製品の原価を計算する部分原価計算が必要となる。この部分原価計算の代表的な計算方法が**直接原価計算**である。

　直接原価計算では，総原価を変動費と固定費に分け，売上高からまず変動費を差し引いて，売上高に比例する**限界利益**を計算する。さらに，限界利益から固定費を差し引いて，営業利益を計算することによって，原価と営業量と利益の関係を示すことができる。

　このように，直接原価計算は，原価と営業量と利益の関係を会計記録に取り入れ，分析が行われるように工夫した損益計算の１つの方法である。したがって，直接原価計算によれば，短期利益計画に役立つ情報を会計記録から入手することができる。

2　損益分岐点分析（CVP 分析）

　原価（Cost），生産・販売量（Volume），利益（Profit）の関係から，製品をいくつ生産・販売すると原価がどれだけかかり，利益がいくらになるかを明らかにするための分析を**損益分岐点分析（CVP 分析）**という。

　CVP 分析によって，損益分岐点の売上高や目標利益を獲得するための売上高などを計算することができる。このときに目標とする営業利益は，売上高から変動費・固定費を含めた総費用を差し引いたもので，利益が 0（ゼロ）のときの売上高と総費用は同じになる。この一致点を**損益分岐点**という。したがって，企業が利益を上げて行くためには，損益分岐点の売上高以上の売上が必要であり，損益分岐点に達しない場合は損失となる。

　このように，売上高（営業量）の増減に対して，原価と利益がどのように変化して行くかを計算し，分析することを損益分岐点分析（CVP 分析）という。この損益分岐点分析は，**損益分岐点図表**で表すことができる。

図表 20-1　損益分岐点図表

損益分岐点図表（A）　　　　　　　　　　損益分岐点図表（B）

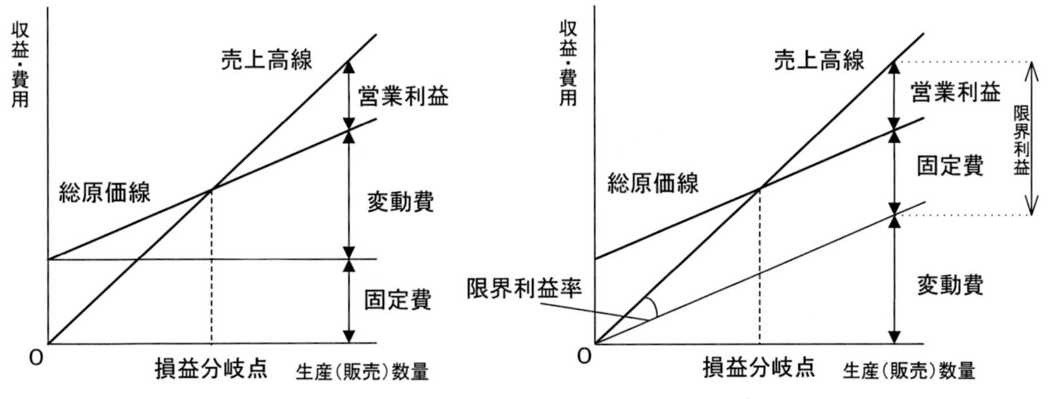

　損益分岐点図表は，横軸に売上高，縦軸に費用・収益をとって，売上高と原価・利益の関係を表したものである。ここでは，売上高は原点を通る売上高線として示され，この売上高線と固定費・変動費の合計である総費用を示す総原価線とが交差する所が，損益分岐点となる。そして，この図から，売上高の増減に伴って変動費や限界利益，営業利益がどのように変化して行くのかを予測することができる。損益分岐点図表には図表 20-1 の（A）と（B）の 2 つの様式があるが意味する内容は同じである。

　また，直接原価計算による損益計算書では，売上高から変動費を差し引いて限界利益が計算され，固定費は 1 会計期間の費用として処理されるため，損益分岐点図表と同様に，売上高と原価・利益の関係を知ることができる。

CVP分析には具体的に，以下のような分析がある。

(1)損益分岐点売上高

　損益分岐点の売上高とは，営業利益が0（ゼロ）になる売上高であり，最低目標の売上高といえる。

(2)目標営業利益を達成する売上高

　目標営業利益を達成する売上高は，損益分岐点売上高の計算に目標営業利益を加算して計算する。

(3)目標営業利益率を達成する売上高

　売上高に対する営業利益の割合である営業利益率（営業利益÷売上高）を達成するための売上高を計算する。

(4)**安全余裕率**

　安全余裕率とは，予想売上高が損益分岐点売上高からどのくらい離れているかを示す比率である。この比率が高ければ高いほど，予想売上高が損益分岐点売上高から離れていることになり，収益力があることを意味し安全であると判断できる。

(5)**損益分岐点比率**

　予想売上高に対する損益分岐点売上高の比率を損益分岐点比率という。

　CVP分析の問題を解く場合，式に当てはめて計算する方法が一般的だが，本書ではワークシートを利用した解法を説明する。なお，参考までに(1)から(5)の式は，以下の通りである。

(1)損益分岐点売上高＝固定費÷限界利益率

　　（限界利益率＝限界利益÷売上高）

(2)目標営業利益を達成する売上高＝（固定費＋目標営業利益）÷限界利益率

(3)目標営業利益率を達成する売上高＝固定費÷（限界利益率－目標営業利益率）

(4)安全余裕率＝（予想売上高－損益分岐点売上高）÷予想売上高×100

(5)損益分岐点比率＝損益分岐点売上高÷予想売上高×100

　　※安全余裕率＋損益分岐点比率＝100％

〔例題 20-1〕

次の資料に基づいて，下記の(1)〜(3)に答えなさい。

《資料》

1．販売単価　　　　　　　　　　　　　　＠2,000 円

2．製造原価

　　　製品 1 個当たりの変動製造原価　　　＠600 円

　　　固定製造原価（期間総額）　　　　　280,000 円

3．販売費及び一般管理費

　　　製品 1 個当たりの変動販売費　　　　＠200 円

　　　固定販売費（期間総額）　　　　　　80,000 円

　　　一般管理費（期間総額）　　　　　　60,000 円

(1) 損益分岐点の売上高と販売量を計算しなさい。

(2) 目標営業利益 240,000 円を達成するための売上高と販売量を計算しなさい。

(3) 予想売上高を 1,000,000 円とした場合の安全余裕率を計算しなさい。

●解答・解説●

1．資料から，基本となるワークシート（この場合は，製品 1 個の場合）の限界利益，営業利益のワークシートを作成する

売 上 高	2,000
変 動 費	800
限界利益	1,200
固 定 費	420,000
営業利益	−418,800

売上高−変動費＝限界利益

限界利益−固定費＝営業利益

2．基本となるワークシートの横に，損益分岐点の売上高のワークシートを作成する

ワークシートによる解法は，CVP 分析において，売上高，変動費，限界利益の関係がそのまま維持されることが前提となっているため有効な方法である。つまり，特に指示がなければ，変動費率，限界利益率は一定であることから，ワークシートによる解法を使用することができる。

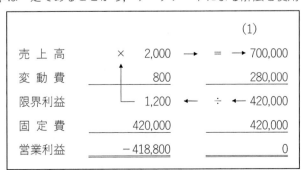

［作成手順］

① 損益分岐点の場合は，営業利益が0の場合なので，営業利益に0を記入する

② 固定費は，変わらないので固定費に420,000を記入する

③ 限界利益は，420,000となる

④ ワークシートによる解法により売上高，変動費を計算する

売上高 420,000÷1,200×2,000＝700,000

変動費 420,000÷1,200×800＝280,000

販売量 700,000÷2,000＝350個

3．1と2のワークシートの横に新たなワークシートを作成する

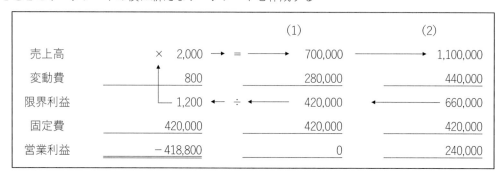

［作成手順］

① 目標営業利益が240,000なので，営業利益に240,000を記入する

② 固定費は，変わらないので固定費に420,000を記入する

③ 限界利益は，営業利益240,000＋固定費420,000＝660,000となる

④ ワークシートによる解法により売上高，変動費を計算する

売上高 660,000÷1,200×2,000＝1,100,000

変動費 660,000÷1,200×800＝440,000

販売量 1,100,000÷2,000＝550個

4．安全余裕率を計算する

安全余裕率とは，売上高が損益分岐点をどれだけ上回っているかを表す指標で，次の計算式で算出される。

安全余裕率＝（売上高－損益分岐点売上高）÷売上高×100

（1,000,000－700,000）÷1,000,000×100＝30%

⇒基本練習問題20-1および20-2を解答

第 20 章　基本練習問題

問題 20-1　次の資料に基づいて，以下の問いに答えなさい。

《資料》

売上高			@50,000 円×1,000 個
原価	変動費	変動製造原価	@28,000 円×1,000 個
		変動販売費	@ 2,000 円×1,000 個
	固定費	固定製造原価	12,500,000 円
		固定販売費・一般管理費	1,500,000 円

問 1　損益分岐点における販売量を求めなさい。

問 2　目標営業利益 4,000,000 円を獲得するための販売量を求めなさい。

[解答欄]

問 1 　　　　　　　　　　　個

問 2 　　　　　　　　　　　個

問題 20-2 次の資料に基づいて，損益分岐点の売上高と安全余裕率を求めなさい。

《資料》

売上高　2,000,000 円　　変動売上原価　1,280,000 円　　変動販売費　120,000 円

固定製造費　225,000 円　　固定販売費　45,000 円　　固定一般管理費　30,000 円

※期首・期末とも，仕掛品および製品の棚卸高はない。

［解答欄］

損益分岐点の売上高　［　　　　　　　　　　］円

安全余裕率　　　　　［　　　　　　　　　　］%

第 20 章　発展練習問題

問題 20-3　当社の当月の生産，販売データは次の資料の通りである。直接原価計算の損益計算書を作成していることを前提に，下記の問いに答えなさい。

《資料》

生　産　量	1,800 個
販　売　量	1,500 個
月 初 製 品	0 個
販 売 単 価	@300 円
直接材料費	80,000 円（すべて変動費）
直接労務費	60,000 円（すべて変動費）
製造間接費	100,000 円
	（うち変動費 70,000 円，固定費 30,000 円）
変動販売費	114,000 円
固定販売費・一般管理費	20,400 円

[解答欄]

問 1　損益分岐点の売上高を計算しなさい。　　　　　　　　円

問 2　安全余裕率を計算しなさい。　　　　　　　　%

問題 20-4 当社の正常操業度は，月間生産量が 25,000 個から 40,000 個である。製品の販売単価は 250 円で，過去 6 ヶ月間の生産量，原価発生額に関する実績データは次の通りであった。

	（生産量）	（原価発生額）
1 月	24,000 個	5,700,000 円
2 月	39,500 個	8,800,000 円
3 月	40,500 個	9,200,000 円
4 月	27,500 個	6,400,000 円
5 月	37,500 個	8,400,000 円
6 月	36,000 個	8,100,000 円

問1 高低点法による製品 A の総原価の原価分解を行い，製品 1 単位当たりの変動費と月間固定費を計算しなさい。

問2 原価分解の結果を利用して，月間損益分岐点売上高を求めなさい。

問3 総資本は 12,000,000 円であるとして，月間目標総資本営業利益率が 3 ％となる月間目標売上高を求めなさい。

[解答欄]

問1 単位当たり変動費 [＿＿＿＿＿＿] 円／個

月間固定費 [＿＿＿＿＿＿] 円

問2 [＿＿＿＿＿＿] 円

問3 [＿＿＿＿＿＿] 円

第21章 標準原価計算（１）
―標準原価計算の意義と記帳―

【第21章の到達目標】

・標準原価カードの内容について理解する。
・標準原価の計算について理解する。
・パーシャル・プランとシングル・プランについて理解する。

---

1 標準原価計算とは

　これまで学んできた実際原価計算は，実際にかかった原価をそのまま集計して計算する方法であり，これによって計算された製品の実際原価は，偶然的要因がそのまま反映されるため，適切な情報が提供できない。また，１つの計算結果を受けて次の計算を行うため，原価資料の提供が遅れるなどの欠点がある。そこで，実際原価計算の欠点を克服し，原価管理のために工夫されたのが**標準原価計算**である。

　標準原価計算は，あらかじめ，科学的・統計的な分析・調査に基づいて算定された，無駄なく，効率的に製品が生産されたときの標準原価を定めておき，これによって製品の原価を計算する方法である。

　標準原価は，効率良く製品が生産されたときの実際原価の達成目標となるものである。したがって，標準原価と実際原価を比較し，その差額を分析することによって，原価管理を有効に行うことができる。

2 標準原価計算の目的

標準原価計算の目的は，以下の通りである。

①　原価管理目的：原価管理は最も重要な目的であり，原価管理を効率的に行うための原価標準として標準原価を設定する。原価管理とは，製品の品質や製造方法を変更せずに，原価の発生をできるだけ低く抑えようとする管理活動のことである。

②　棚卸資産価額算定目的：仕掛品や製品などの棚卸資産の価額および売上原価の算定の基礎として標準原価計算を利用する。

③ 予算編成目的：予算，特に見積財務諸表の作成に信頼できる資料を提供する。

④ 記帳簡略化目的：標準原価を勘定組織に組み入れることによって記帳の簡略化・迅速化が図られる。

3 標準原価計算の手続き

標準原価計算の計算手続きについては，以下の通りである。

① 原価標準の設定

製品1個当たりの目標原価（**原価標準**）を設定しておく。

② 標準原価の計算

当月の実際生産量に基づいて，完成品と月末仕掛品の**標準原価**を計算する。

③ 実際原価の計算

当月の直接材料費，直接労務費，直接経費，製造間接費の実際原価を計算する。

④ 原価差異の計算と分析

当月の標準原価と実際原価を比較して**原価差異**を計算し，これを分析する。

⑤ 原価報告

分析した結果をまとめて報告し，必要に応じて原価の改善を行う。

4 標準原価カード

標準原価計算を実施するためには，まず，製品の製造の前に，製品1単位当たりの目標となる標準原価である原価標準を設定しなければならない。この原価標準は，通常，標準直接材料費・標準直接労務費・標準製造間接費に分けて算定され，図表21-1のような標準原価カードに記載される。

図表21-1　標準原価カードの例

標準原価カード（製品1単位あたり）			
	標準単価	標準消費数量	金額
直接材料費	100円	5kg	500円
	標準賃率	標準直接作業時間	
直接労務費	150円	2時間	300円
	標準配賦率	標準直接作業時間	
製造間接費	200円	2時間	400円
合　計			1,200円

5　原価差異

　原価差異を計算することによって，製造活動から生じた無駄や非効率な作業を把握することができるが，この原価差異は，当月の投入量に対する標準原価と当月の実際原価を比較することによって計算することができる。

　原価差異を計算するには，標準原価から実際原価を差し引いて計算するが，計算結果がマイナスになる場合，つまり，実際原価が標準原価より大きい場合を**不利差異**といい，この不利差異はそれぞれの差異勘定の借方に記入されるため**借方差異**ともいう。これに対して，実際原価が標準原価より少ない場合を**有利差異**といい，有利差異は，差異勘定の貸方に記入されるため**貸方差異**ともいう。なお，本書では借方差異と貸方差異に統一する。

6　標準原価計算の勘定記入方法

　標準原価計算では，完成品原価，月初仕掛品原価，月末仕掛品原価は標準原価で仕掛品勘定に記入する。しかし，当月製造費用については，実際原価で記入する**パーシャル・プラン**と，標準原価で記入する**シングル・プラン**がある。

(1)パーシャル・プラン

　パーシャル・プランとは，仕掛品勘定の当月製造費用を実際原価で記入する方法である。原価差異は仕掛品勘定で把握される。

　仕掛品勘定の貸借差額で原価差異を把握する。原価差異は仕掛品勘定の借方または貸方に生じる。

(2)シングル・プラン

　シングル・プランとは，仕掛品勘定の当月製造費用を標準原価で記入する方法である。原価差異は各原価要素別の勘定で把握される。

　各費目別の勘定の貸借差額で原価差異（直接材料費差異，直接労務費差異，製造間接費差異）を把握する。原価差異は各原価要素別の勘定の借方または貸方に生じる。

〔例題 21-1〕

当社は，標準原価計算を採用している。次の資料に基づいて，（1）シングル・プランによる仕掛品勘定，（2）パーシャル・プランによる仕掛品勘定を完成しなさい。なお，直接材料は，始点で投入されている。

《資料》

1．標準原価カード

直接材料費：20 円 / kg × 6 kg / 個＝ 120 円

直接労務費：50 円 / 時間 × 2 時間＝100 円

製造間接費：40 円 / 時間 × 2 時間＝ 80 円

    製品 1 個当たりの標準原価 300 円

2．生産データ

月初仕掛品： 10 個（加工進捗度 80%）

当 月 投 入：120 個

月末仕掛品： 30 個（加工進捗度 60%）

完　成　品：100 個

3．実際原価データ

直接材料費：15,000 円

直接労務費：12,000 円

製造間接費：10,000 円

●解答・解説●

生産データを基に，ワークシートを作成する。

	材料費	加工費
	数量	数量
月初仕掛品	10	8
当 月 投 入	120	110
計	130	118
月末仕掛品	30	18
完 成 品	100	100

(1) シングル・プランの場合

　　前月繰越（月初仕掛品）

　　　直接材料費　　1,200 円（120 円×10 個）

　　　直接労務費　　　800 円（100 円× 8 個）

　　　製造間接費　　　640 円（ 80 円× 8 個）

　　　合　計　　2,640 円

　　　直接材料費　14,400 円（120 円×120 個）

　　　直接労務費　11,000 円（100 円×110 個）

　　　製造間接費　 8,800 円（ 80 円×110 個）

　　　製　　　品　30,000 円（300 円×100 個）

　　次月繰越（月末仕掛品）

　　　直接材料費　　3,600 円（120 円×30 個）

　　　直接労務費　　1,800 円（100 円×18 個）

　　　製造間接費　　1,440 円（ 80 円×18 個）

　　　合　計　　6,840 円

仕　掛　品

前 月 繰 越	（ 2,640 ）	製　　　　　品	（ 30,000 ）
直接材料費	（ 14,400 ）	次 月 繰 越	（ 6,840 ）
直接労務費	（ 11,000 ）		
製造間接費	（ 8,800 ）		
	（ 36,840 ）		（ 36,840 ）

(2) パーシャル・プランの場合

　　前月繰越（月初仕掛品）

　　　直接材料費　　1,200 円（120 円×10 個）

　　　直接労務費　　　800 円（100 円× 8 個）

　　　製造間接費　　　640 円（ 80 円× 8 個）

　　　合　計　　2,640 円

　　　直接材料費　15,000 円（実際発生額）

　　　直接労務費　12,000 円（実際発生額）

　　　製造間接費　10,000 円（実際発生額）

製　　　品　30,000 円（300 円×100 個）

直接材料費差異　　600 円（120 円×120 個−15,000）　不利差異（仕掛品の貸方）
直接労務費差異　1,000 円（100 円×110 個−12,000）　不利差異（仕掛品の貸方）
製造間接費差異　1,200 円（ 80 円×110 個−10,000）　不利差異（仕掛品の貸方）

次月繰越（月末仕掛品）
　直接材料費　　3,600 円（120 円×30 個）
　直接労務費　　1,800 円（100 円×18 個）
　製造間接費　　1,440 円（ 80 円×18 個）
　　合　計　　　6,840 円

仕　掛　品

前 月 繰 越	（　2,640　）	製　　　　品	（　30,000　）
直接材料費	（　15,000　）	直接材料費差異	（　600　）
直接労務費	（　12,000　）	直接労務費差異	（　1,000　）
製造間接費	（　10,000　）	製造間接費差異	（　1,200　）
		次 月 繰 越	（　6,840　）
	（　39,640　）		（　39,640　）

⇒基本練習問題 21-1 および 21-2 を解答

第 21 章 基本練習問題

問題 21-1 当社は，標準原価計算を採用している。次の資料に基づいて，仕掛品勘定を完成しなさい。なお，直接材料は，始点で投入されている。勘定記入の方法はパーシャル・プランによる。

《資料》

1. 標準原価カード

	標準単価	標準消費数量	金額
直接材料費	400円	2kg	800円
	標準賃率	標準直接作業時間	
直接労務費	600円	3時間	1,800円
	標準配賦率	標準直接作業時間	
製造間接費	500円	3時間	1,500円
合　計	製品1個当たりの標準製造原価		4,100円

2. 生産データ

月初仕掛品	200 個 （50%）
当 月 投 入	600 個
合　計	800 個
月末仕掛品	350 個 （60%）
完 成 品	450 個

（　）内は加工進捗度を示す。

3. 当月の実際原価データ

直接材料費	486,000 円
直接労務費	990,000 円
製造間接費	855,000 円

[解答欄]

仕 掛 品

前 月 繰 越	（　　　　）	製　　　品	（　　　　）
直接材料費	（　　　　）	次 月 繰 越	（　　　　）
直接労務費	（　　　　）	原 価 差 異	（　　　　）
製造間接費	（　　　　）		
	（　　　　）		（　　　　）

問題 21-2 当社は，標準原価計算を採用している。次の資料に基づいて，仕掛品勘定を完成しなさい。なお，直接材料は，始点で投入されている。勘定記入の方法はパーシャル・プランによる。

《資料》

1．標準原価カード

標準原価カード			
	標準単価	標準消費数量	金額
直接材料費	400円	4kg	1,600円
	標準賃率	標準直接作業時間	
直接労務費	800円	3時間	2,400円
	標準配賦率	標準直接作業時間	
製造間接費	1,000円	3時間	3,000円
合　計	製品1個当たりの標準原価		7,000円

2．生産データ

月初仕掛品	600個	(40%)
当月投入	5,200個	
合　計	5,800個	
月末仕掛品	800個	(60%)
完成品	5,000個	

（　）内は加工進捗度を示す。

3．当月の実際原価データ

直接材料費	8,400,000円
直接労務費	12,638,000円
製造間接費	15,900,000円

[解答欄]

仕　掛　品

前月繰越	（　　　　　）	製　　品	（　　　　　）
直接材料費	（　　　　　）	直接材料費差異	（　　　　　）
直接労務費	（　　　　　）	直接労務費差異	（　　　　　）
製造間接費	（　　　　　）	製造間接費差異	（　　　　　）
		次月繰越	（　　　　　）
	（　　　　　）		（　　　　　）

第 21 章　発展練習問題

問題 21-3 当社は，標準原価計算を採用している。次の資料に基づいて，仕掛品勘定，製品勘定を完成しなさい。なお，勘定記入の方法はパーシャル・プランによる。

《資料》

1．標準原価カード

	標準単価	標準消費数量	金額
直接材料費	400円	2kg	800円
	標準賃率	標準直接作業時間	
直接労務費	600円	3時間	1,800円
	標準配賦率	標準直接作業時間	
製造間接費	500円	3時間	1,500円
合　　計	製品1個当たりの標準製造原価		4,100円

2．生産データ

月初仕掛品　　　　20個（40%）
当 月 投 入　　　180個
月末仕掛品　　　　30個（60%）

※直接材料はすべて工程の始点で投入される。また，（　　　）内は加工進捗度を示す。

3．原価データ

直接材料費実際消費額　　　980,000 円
直接労務費実際消費額　　　684,000 円
製造間接費実際発生額　　1,780,000 円

4．販売データ

月初製品在庫量　20 個　　　月末製品在庫量　15 個

[**解答欄**]

仕　掛　品

前 月 繰 越	（　　　　　）	製　　　　品	（　　　　　）
直接材料費	（　　　　　）	次　月　繰　越	（　　　　　）
直接労務費	（　　　　　）	原　価　差　異	（　　　　　）
製造間接費	（　　　　　）		
	（　　　　　）		（　　　　　）

製　　　品

前 月 繰 越	（　　　　　）	売　上　原　価	（　　　　　）
仕　掛　品	（　　　　　）	次　月　繰　越	（　　　　　）
	（　　　　　）		（　　　　　）

第22章 標準原価計算（2）
―直接材料費と直接労務費の差異分析―

┌─【第22章の到達目標】────────────────────────
│
│ ・直接材料費差異の計算方法について理解する。
│ ・直接労務費差異の計算方法について理解する。
│
└────────────────────────────────────

1 直接材料費の差異分析

　直接材料費差異は，標準直接材料費と実際直接材料費の差額で計算される。そして，直接材料費差異をさらに，価格差異と数量差異に分けて差異分析を行う。

　①　**価格差異**…材料の標準原価と実際原価を比較して計算される差異
　　　　　　　　　　管理不能な外部要因によって発生することが多い
　②　**数量差異**…材料の標準消費数量と実際消費数量を比較して計算される差異
　　　　　　　　　　管理可能な内部要因によって発生することが多い

また，計算式で表すと次のようになる。

　　価格差異＝(標準単価−実際単価)×実際消費量
　　数量差異＝標準単価×(標準消費数量−実際消費数量)

ここで，以下のような図を書いて計算する。

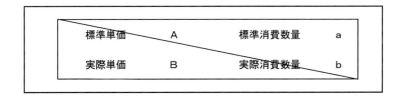

　価格差異は，標準単価から実際単価を引いて，それに実際消費数量を掛けて求めることから，標準単価から実際単価を引いて斜線の先の実際消費数量を掛ければ価格差異が求められる。また，数量差異も同様に，標準消費数量から実際消費数量を引いて斜線の先の標準単価を掛ければ数量差異が求められる。計算式で表すと次のようになる。

標準直接材料費　　A×a　　実際直接材料費　　B×b

直接材料費差異　　（A×a）−（B×b）

　価格差異　　　　（A−B）×b

　数量差異　　　　（a−b）×A

※マイナスなら借方（不利）差異

プラスなら貸方（有利）差異

2 直接労務費の差異分析

直接労務費差異は，当月の標準直接労務費と実際直接労務費の差額で計算される。そして，直接労務費差異をさらに，賃率差異と時間差異に分けて差異分析を行う。

① **賃率差異**…直接工の標準賃率と実際賃率を比較して計算される差異

管理不能な外部要因によって発生することが多い

② **時間差異**…直接工の標準直接作業時間と実際直接作業時間を比較して計算される差異

管理可能な内部要因によって発生することが多い

また，計算式で表すと次のようになる。

賃率差異＝(標準賃率−実際賃率)×実際直接作業時間

時間差異＝標準賃率×(標準直接作業時間−実際直接作業時間)

ここで，以下のような図を書いて計算する。

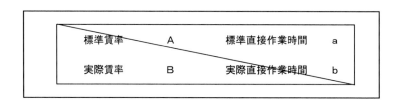

　賃率差異は，標準賃率から実際賃率を引いて，それに実際直接作業時間を掛けて求めることから，標準賃率から実際賃率を引いて斜線の先の実際直接作業時間を掛ければ賃率差異を求められる。また，時間差異も同様に，標準直接作業時間から実際直接作業時間を引いて斜線の先の標準賃率を掛ければ時間差異が求められる。計算式で表すと次のようになる。

標準直接労務費　　A×a　　実際直接労務費　　B×b

直接労務費差異　　（A×a）−（B×b）

　賃率差異　　　　（A−B）×b

　時間差異　　　　（a−b）×A

※マイナスなら借方（不利）差異

プラスなら貸方（有利）差異

〔例題 22-1〕

　標準原価計算を採用している A について，次の資料に基づいて，直接材料費差異，直接労務費差異を計算し，さらに差異分析をしなさい。なお，材料は始点で投入されている。

《資料》
　　1．標準原価カード

標準原価カード（製品1単位当たり）		
	標準単価	標準消費数量	金額
直接材料費	400円	5kg	2,000円
	標準賃率	標準直接作業時間	
直接労務費	800円	2時間	1,600円
	標準配賦率	標準直接作業時間	
製造間接費	2,000円	2時間	4,000円
合　計			7,600円

　　2．公式法変動予算データ
　　　　変動費率：@800 円
　　　　月間固定予算額：300,000 円
　　　　月間基準操業度：250 時間（直接作業時間）

　　3．生産データ
　　　　月初仕掛品　　　　 80 個（50%）
　　　　当 月 投 入　　　 100 個
　　　　　合　計　　　　 180 個
　　　　月末仕掛品　　　　 60 個（40%）
　　　　完 成 品　　　　 120 個
　　　　（　　）内は加工進捗度を示す。

　　4．実際原価データ
　　　　直接材料費　@410 円×495kg
　　　　直接労務費　@750 円×220 時間

●解答・解説●

1　材料費，加工費に関する生産データについて，ワークシートを作成する

	材料費	加工費
月 初 仕 掛 品	80	40
当 月 投 入	100	104
計	180	144
月 末 仕 掛 品	60	24
完 成 品	120	120

2　直接材料費の差異を分析する

標準単価 400	標準消費量 500
実際単価 410	実際消費量 495

標準消費量	$100 \times 5 = 500$kg
標準直接材料費	$400 \times 500 = 200{,}000$
実際直接材料費	$410 \times 495 = 202{,}950$
直接材料費差異	$200{,}000 - 202{,}950 = -2{,}950$　借方（不利）差異
価格差異	$(400 - 410) \times 495 = -4{,}950$　借方（不利）差異
数量差異	$(500 - 495) \times 400 = 2{,}000$　貸方（有利）差異

3　直接労務費の差異を分析する

標準賃率 800	標準作業時間 208
実際賃率 750	実際作業時間 220

標準作業時間	$104 \times 2 = 208$ 時間
標準直接労務費	$800 \times 208 = 166{,}400$
実際直接労務費	$750 \times 220 = 165{,}000$
直接労務費差異	$166{,}400 - 165{,}000 = 1{,}400$　　貸方（有利）差異
賃率差異	$(800 - 750) \times 220 = 11{,}000$　貸方（有利）差異
時間差異	$(208 - 220) \times 800 = -9{,}600$　借方（不利）差異

⇒基本練習問題 22-1 を解答

第 22 章　基本練習問題

問題 22-1　当社は標準原価計算を採用している。次の資料に基づいて，直接材料費差異，直接労務費差異を計算し，さらに，差異分析をしなさい。なお，材料は始点で投入されている。

　　　解答の際には，借方差異であれば借方，貸方差異であれば貸方をそれぞれ○で囲って解答すること。

《資料》

1．標準原価カード

標準原価カード（製品1単位当たり）			
	標準単価	標準消費数量	金額
直接材料費	800円	4kg	3,200円
	標準賃率	標準直接作業時間	
直接労務費	1,200円	3時間	3,600円
	標準配賦率	標準直接作業時間	
製造間接費	2,400円	3時間	7,200円
合　計	製品1個当たりの標準原価		14,000円

2．公式法変動予算データ

月間固定予算額：1,015,000 円

月間基準操業度：725 時間（直接作業時間）

3．生産データ

月初仕掛品	100 個	（70%）
当 月 投 入	250 個	
合　計	350 個	
月末仕掛品	80 個	（50%）
完 成 品	270 個	

（　　）内は加工進捗度を示す。

4．実際原価データ

直接材料費　@810 円×990kg

直接労務費　@1,190 円×718 時間

192

［解答欄］

借方または貸方のいずれかを○で囲むこと

直接材料費差異 ｜ 円の 借方 貸方 差異

価格差異 ｜ 円の 借方 貸方 差異

数量差異 ｜ 円の 借方 貸方 差異

直接労務費差異 ｜ 円の 借方 貸方 差異

賃率差異 ｜ 円の 借方 貸方 差異

時間差異 ｜ 円の 借方 貸方 差異

第 22 章　発展練習問題

問題 22-2　当社は，標準原価計算を採用している。次の資料に基づいて，直接材料費および直接労務費の差異分析をしなさい。なお，当月の実際生産量は 2,800 個であり，月初仕掛品と月末仕掛品はなかったものとする。

《資料》

1．標準原価カード

	標準単価	標準消費数量	金額
直接材料費	5千円/kg	（　？　）Kg	100千円
	標準賃率	標準直接作業時間	
直接労務費	（　？　）千円/時	8時間	（？）千円
	標準配賦率	標準直接作業時間	
製造間接費	15千円/時	8時間	120千円
	製品1個当たりの標準製造原価		252千円

2．原価データ

直接材料費実際消費額　294,300 千円（＝5.4 千円/kg×54,500kg）

直接労務費実際消費額　105,600 千円（＝4.8 千円/kg×22,000 時間）

［解答欄］　借方または貸方のいずれかを○で囲むこと

直接材料費差異	千円の　　　借方　　　貸方　　　差異
価格差異	千円の　　　借方　　　貸方　　　差異
数量差異	千円の　　　借方　　　貸方　　　差異
直接労務費差異	千円の　　　借方　　　貸方　　　差異
賃率差異	千円の　　　借方　　　貸方　　　差異
時間差異	千円の　　　借方　　　貸方　　　差異

第23章 標準原価計算（３）
―製造間接費の差異分析―

・製造間接費差異の予算差異，操業度差異，能率差異の計算方法について理解する。

1 製造間接費の差異分析

　製造間接費差異は，標準製造間接費と実際製造間接費との差額で計算される。そして，製造間接費差異をさらに，予算差異，操業度差異，能率差異に分けて差異分析を行う。

　製造間接費の標準配賦率は，１年間の製造間接費の予算額を見積もり，これを基準操業度で割って計算される。この予算額の決定方法には，以下の方法がある。

　　固定予算…基準操業度における予算額

　　変動予算…さまざまな操業度に対して設定した予算額

　また，変動予算のうち製造間接費を変動費と固定費に分けて予算額を決める方法が公式法変動予算である。

2 能率差異と操業度差異

　能率差異は，固定費（固定費能率差異）と変動費（変動費能率差異）の部分から発生する。そのため，固定費能率差異は，標準操業度と実際操業度との時間の差に固定費率を掛けて計算する。また，変動費能率差異は，標準操業度と実際操業度との時間の差に変動費率を掛けて計算する。なお，能率差異を変動費と固定費に分けていない場合には，標準操業度と実際操業度との差に製造間接費配賦率（固定費率＋変動費率）を掛けて計算する。

・　能率差異

　　標準操業度と実際操業度を比較して把握される差異

　　作業能率の良否を測定する

計算式で表すと次の通りである。

※　能率差異を固定費と変動費に分けている場合
変動費能率差異＝(標準操業度−実際操業度)×変動費率
固定費能率差異＝(標準操業度−実際操業度)×固定費率

※　能率差異を固定費と変動費に分けていない場合
能率差異＝(標準操業度−実際操業度)×製造間接費配賦率

次に，**操業度差異**は，固定費の部分のみから発生することから，実際操業度と基準操業度との時間の差に固定費率を掛けて計算する。
・　操業度差異
基準操業度と実際操業度を比較して把握される差異
生産設備の利用状況の良否を測定する

計算式で表すと次の通りである。
操業度差異＝(実際操業度−基準操業度)×固定費率

能率差異と操業度差異を求めるために，以下のような関係図を書いて計算する。

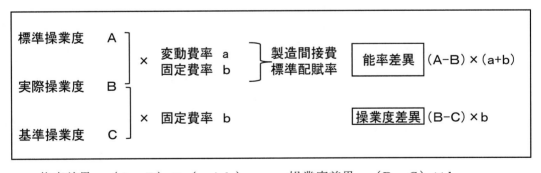

能率差異　（A−B）×（a＋b）　　　　操業度差異　（B−C）×b

③ 予算差異

予算差異は，固定費を一定と考えて，実際の操業度における標準の変動費と実際の操業度における実際の変動費との差である。つまり，実際標準変動費に基準操業度における固定費を加えて，その合計額から実際製造間接費を引いて予算差異を計算する。

・　予算差異

　　実際操業度の予算額と実際発生額を比較して把握される差異

　　製造間接費の発生の良否を測定する

計算式で表すと次の通りである。

　　予算差異＝(実際操業度×変動費率＋基準操業度における固定費)－実際製造間接費

予算差異を求めるために，以下のように計算する。

```
┌─────────────────────────────────────────────────┐
│                                                 │
│       実際標準変動費      B×a＝   あ            │
│                                                 │
│   基準操業度における固定費  C×b＝   い            │
│                                                 │
│       実際発生額             ア                 │
│                                                 │
│       予算差異            あ＋いーア            │
│                                                 │
└─────────────────────────────────────────────────┘
```

実際標準変動費　　　　　　　　B×a＝あ

基準操業度における固定費　　　C×b＝い（月間固定予算）

実際発生額　　　　ア

予算差異　　　　　あ＋いーア

〔例題 23-1〕

　標準原価計算を採用している A について，次の資料に基づいて，製造間接費差異を計算し，さらに差異分析をしなさい。なお，製造間接費は公式法変動予算を前提とし，能率差異は変動費と固定費からなるものとする。

《資料》

　１．標準原価カード

標準原価カード（製品1単位当たり）		
	標準単価	標準消費数量	金額
直接材料費	400円	5kg	2,000円
	標準賃率	標準直接作業時間	
直接労務費	800円	2時間	1,600円
	標準配賦率	標準直接作業時間	
製造間接費	2,000円	2時間	4,000円
合　　計			7,600円

2．公式法変動予算データ

　　変動費率：@800 円

　　月間固定予算額：300,000 円

　　月間基準操業度：250 時間（直接作業時間）

3．生産データ

月初仕掛品	80 個	（50%）
当 月 投 入	100 個	
合　計	180 個	
月末仕掛品	60 個	（40%）
完 成 品	120 個	

　　（　　）内は加工進捗度を示す。

4．実際原価データ

　　直接材料費　@410 円×495kg

　　直接労務費　@750 円×220 時間

　　製造間接費　460,000 円

●解答・解説●

〔例題 22-1〕を参考にし，以下の関係図を作成する。

固定費率	300,000 ÷ 2,500 = 1,200	
変動費率	2,000 − 1,200 = 800	
能率差異	(208 − 220)× 2,000 = − 24,000	借方（不利）差異
操業度差異	(220 − 250)× 1,200 = − 36,000	借方（不利）差異

```
        実際標準変動費  176,000
基準操業度における固定費  300,000
        実際発生額  460,000

  予算差異        16,000
```

実際標準変動費　220 × 800 ＝ 176,000

固定費　　　　　250 × 1,200 ＝ 300,000

実際発生額　　　460,000

予算差異　　　　176,000 ＋ 300,000 － 460,000 ＝ 16,000　貸方（有利）差異

⇒基本練習問題 23-1 および 23-2 を解答

第 23 章　基本練習問題

問題 23-1　当社は標準原価計算を採用している。次の資料に基づいて，製造間接費差
異を計算し，さらに，差異分析をしなさい。なお，製造間接費は変動費と固
定費からなるものとする。解答の際には，借方差異であれば借方，貸方差異
であれば貸方をそれぞれ○で囲って解答すること。

《資料》
1．標準原価カード

標準原価カード（製品1単位当たり）			
	標準単価	標準消費数量	金額
直接材料費	800円	4kg	3,200円
	標準賃率	標準直接作業時間	
直接労務費	1,200円	3時間	3,600円
	標準配賦率	標準直接作業時間	
製造間接費	2,400円	3時間	7,200円
合　計	製品1個当たりの標準原価		14,000円

2．公式法変動予算データ

変動費率：@1,000 円

月間固定予算額：1,015,000 円

月間基準操業度：725 時間（直接作業時間）

3．生産データ

月初仕掛品　　　　100 個（70%）

当 月 投 入　　　250 個

合　計　　　　350 個

月末仕掛品　　　　80 個（50%）

完 成 品　　　270 個

※（　　）内は加工進捗度を示す。

4．実際原価データ

直接材料費　@810 円×990kg

直接労務費　@1,190 円×718 時間

製造間接費　1,870,000 円

[解答欄] 借方または貸方のいずれかを◯で囲むこと

製造間接費差異	円の　　借方　　貸方　　差異
予算差異	円の　　借方　　貸方　　差異
操業度差異	円の　　借方　　貸方　　差異
能率差異	円の　　借方　　貸方　　差異

問題 23-2　当社は，パーシャル・プランの標準原価計算を採用している。次の資料に基づいて，下記の問いに答えなさい。なお，差異分析では変動予算を用い，能率差異は変動費と固定費からなるものとする。

《資料》

1　製品 1 個の標準作業時間　　4 時間
2　当月正常直接作業時間　　　5,000 時間
3　製造間接費標準配賦率　　　1,000 円／時間
4　当月生産データ

　　月初仕掛品　　　200 個（進捗度 50%）
　　完　成　品　　1,200 個
　　月末仕掛品　　　300 個（進捗度 40%）

5　当月の実際直接作業時間　　4,960 時間
6　当月の実際製造間接費　　　変動費　1,980,000 円
　　　　　　　　　　　　　　　固定費　3,000,000 円（予算と同額である）

問 1　固定製造間接費の標準配賦率を計算しなさい。
問 2　当月の標準配賦額を計算しなさい。
問 3　製造間接費の差異分析をしなさい。

[解答欄]

問 1　　　　　　　　　　　　　　　円／時間

問 2　　　　　　　　　　　　　　　円

問 3

製造間接費差異　　　　　円の　　借方　　貸方　　差異

予算差異　　　　　　　　円の　　借方　　貸方　　差異

操業度差異　　　　　　　円の　　借方　　貸方　　差異

能率差異　　　　　　　　円の　　借方　　貸方　　差異

※借方または貸方のいずれかを○で囲むこと

第 23 章　発展練習問題

問題 23-3　当社は，パーシャル・プランの標準原価計算を採用している。次の資料に基づいて，直接労務費および製造間接費の差異分析をしなさい。なお，能率差異は変動費と固定費からなるものとする。

《資料》

1　製品 1 個の標準作業時間　　　　4 時間
2　直接労務費標準賃率　　　　1,200 円／時間
3　製造間接費標準配賦率　　　　2,000 円／時間
4　基準操業度　　　　850 時間
5　当月生産データ

　　　　月初仕掛品　　　50 個（進捗度 40％）

　　　完 成 品　　200 個

　　　　月末仕掛品　　　60 個（進捗度 50％）
6　当月の実際直接作業時間　　　838 時間
7　当月の実際賃率　　　　1,220 円／時間
8　当月の実際製造間接費　　　変動費　　688,800 円

　　　　　　　　　　　　　　　固定費　1,020,000 円（予算と同額である）

[解答欄]　借方または貸方のいずれかを○で囲むこと

直接労務費差異	円の　　借方　　貸方　　差異
賃率差異	円の　　借方　　貸方　　差異
時間差異	円の　　借方　　貸方　　差異
製造間接費差異	円の　　借方　　貸方　　差異
予算差異	円の　　借方　　貸方　　差異
操業度差異	円の　　借方　　貸方　　差異
能率差異	円の　　借方　　貸方　　差異

第**24**章 製造原価報告書

【第24章の到達目標】

・工業簿記における損益計算書の特徴を理解し，特に製造間接費を予定配賦している場合の原価差異の処理を適切にできるようにする。
・製造原価報告書の構造と記入方法を理解し，特に製造間接費を予定配賦している場合の製造間接費配賦差異の処理を適切にできるようにする。

1 工業簿記における財務諸表

　第1章で学んだように，商業簿記であっても工業簿記であってもその最終目的は貸借対照表や損益計算書などの財務諸表を作成することに変わりはない。しかし，商業簿記と工業簿記では財務諸表の細部に違いがある。

(1)貸借対照表の違い

　商業簿記にはない「製品」，「仕掛品」，「材料」などの工業簿記特有の勘定科目が加わるが，これ以外の点では商業簿記における貸借対照表と変わりはない。

(2)損益計算書の違い

　売上原価の表示方法に関して図表24-1に示すような違いがみられる。特に重要な点は，工業簿記ではさまざまな原価差異が発生するが，これらの原価差異について借方差異であれば売上原価に加算，貸方差異であれば売上原価から減算することである。図表24-1の場合，原価差異を売上原価に加算しているので原価差異は借方差異であることがわかる。

図表 24-1　損益計算書における売上原価の表示方法の違い（単位：円）

商業簿記の場合			工業簿記の場合		
損益計算書			**損益計算書**		
Ⅰ　売上高		1,000	Ⅰ　売上高		1,000
Ⅱ　売上原価			Ⅱ　売上原価		
1.　期首商品棚卸高	60		1.　期首製品棚卸高	80	
2.　当期商品仕入高	500		2.　当期製品製造原価	550	
合　　計	560		合　　計	630	
3.　期末商品棚卸高	40	520	3.　期末製品棚卸高	100	
売上総利益		480	差　　引	530	
（以下省略）			4.　原価差異	20	550
			売上総利益		450
			（以下省略）		

(3) 製造原価報告書の存在

　工業を営む企業の財務諸表では，貸借対照表，損益計算書に加えて，「**製造原価報告書**」が新たに加わる（実際の企業ではキャッシュフロー計算書も作成するが，日商簿記検定2級の出題範囲外なので本書では省略する）。製造原価報告書は損益計算書の「当期製品製造原価」の内訳を示すものであり，製造原価報告書を見ることによって当期製品製造原価がどのように算定されたかを把握することができる。なお，製造原価報告書についてはあらためて詳細に説明する。

〔例題 24-1〕

　次の資料1〜4に基づき，損益計算書（一部のみ）を作成しなさい。

《資料1》当期の仕掛品勘定（単位：円）

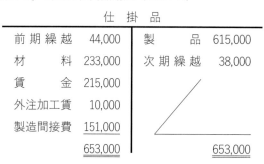

仕　掛　品			
前期繰越	44,000	製　　品	615,000
材　　料	233,000	次期繰越	38,000
賃　　金	215,000		
外注加工賃	10,000		
製造間接費	151,000		
	653,000		653,000

《資料２》当期の製品勘定（単位：円）

製　　　品

前 期 繰 越	77,000	売 上 原 価	639,000
仕 掛 品	615,000	次 期 繰 越	53,000
	692,000		692,000

《資料３》

　　当社では製造間接費を予定配賦している。なお，当期の実際発生額は 154,000 円であった。また，原価差異は売上原価に加減すること。

《資料４》

　　当期の売上高は 935,000 円である。

●解答●

損益計算書

Ⅰ	売上高		935,000
Ⅱ	売上原価		
	1．期首製品棚卸高	77,000	
	2．当期製品製造原価	615,000	
	合　　　計	692,000	
	3．期末製品棚卸高	53,000	
	差　　　引	639,000	
	4．原 価 差 異	3,000	642,000
	売上総利益		293,000

（以下省略）

【解説】

　　通常，仕掛品勘定の借方は実際発生額を記入することが多いが，本問では製造間接費を予定配賦しているため仕掛品勘定の製造間接費の金額 151,000 円は予定配賦額であることに注意する。したがって，予定配賦額 151,000 ＜実際配賦額 154,000 より 3,000 円の借方差異である。借方差異の場合，予定配賦額以上に製造間接費が発生しており，予定配賦額の不足分を追加計上するため売上原価に加算する。したがって，売上原価は 639,000 ＋ 3,000 ＝ 642,000 円となる。なお，当期製品製造原価 615,000 円の内訳をこの後で学ぶ製造原価報告書によってさらに詳細に明らかにする。

⇒基本練習問題 24-1 を解答

2 製造原価報告書の構造

(1)製造原価報告書の2つの様式

　製造原価報告書には原価を形態別分類に基づいて記入する様式と，製品との関連性から直接費と間接費に分けて記入する様式がある。例題 24-2 の解答から明らかなように，「製造間接費配賦差異」よりも上の部分で表示方法が異なる。ただし，どちらの様式を採用したとしても最終的な当期製品製造原価の金額は変わらない。

(2)製造間接費の予定配賦を行っている場合の注意点

　製造原価報告書で注意しなければならないのが製造間接費の予定配賦を行っている場合である。製造原価報告書は実際に発生した製造原価を報告するための計算書類であるから，製造間接費は予定配賦額ではなく実際発生額を記入しなければならない。しかし，例題 24-1 で確認したように，損益計算書では当期製品製造原価は予定配賦額を基に計算されていて，原価差異を加減することで実際発生額に修正する手続きが取られている。製造原価報告書はあくまでも損益計算書の一部項目の内訳表示という位置づけであるから，製造原価報告書の記載内容を損益計算書の記載内容に合わせるための修正，すなわち製造原価報告書において**製造間接費配賦差異**（製造間接費の予定配賦額と実際発生額の差額）を計上し，実際発生額を予定配賦額に修正する必要がある。

　製造間接費配賦差異が借方差異か貸方差異かによって，差異に相当する金額を加算あるいは減算するかについて次のように整理される。製造原価報告書に対する処理は損益計算書に対する処理の反対になっている点がポイントである。

　　・製造間接費配賦差異が借方差異…製造原価報告書では減算，損益計算書では加算
　　・製造間接費配賦差異が貸方差異…製造原価報告書では加算，損益計算書では減算

　例題 24-2 は，例題 24-1 の損益計算書の当期製品製造原価部分を製造原価報告書によって算定する問題である。例題 24-2 において上記の処理を行うことで，損益計算書の当期製品製造原価と製造原価報告書の当期製品製造原価が同額になることを確認する。

〔例題 24-2〕

　次の資料に基づいて，(1)原価を形態別分類に基づいて記入する方法，(2)原価を直接費と間接費に分類して記入する方法でそれぞれ製造原価報告書を作成しなさい。

《資料》

①材料（すべて直接材料費）　　③経費の当期発生状況（下記以外の経費発生はない）

　　期首有高　　　21,000 円　　　　外注加工賃　　10,000 円

　　当期購入高　239,000 円　　　　減価償却費　154,000 円

　　期末有高　　　27,000 円　　④仕掛品

②賃金（すべて直接労務費）　　　期首仕掛品有高　44,000 円

　　当期支払　222,000 円　　　　期末仕掛品有高　38,000 円

　　当期未払　　51,000 円　　⑤製造間接費の予定配賦額：151,000 円

　　前期未払　　58,000 円

●解答●

(1)形態別分類に基づいて記入する方法　　　(2)直接費と間接費に分類して記入する方法

<table>
<tr><td colspan="3" align="center">製造原価報告書</td><td colspan="3" align="center">製造原価報告書</td></tr>
<tr><td>Ⅰ</td><td>材料費</td><td align="right">233,000</td><td>Ⅰ</td><td>直接材料費</td><td align="right">233,000</td></tr>
<tr><td>Ⅱ</td><td>労務費</td><td align="right">215,000</td><td>Ⅱ</td><td>直接労務費</td><td align="right">215,000</td></tr>
<tr><td>Ⅲ</td><td>経費</td><td></td><td>Ⅲ</td><td>直接経費</td><td align="right">10,000</td></tr>
<tr><td></td><td>1．外注加工賃　　10,000</td><td></td><td>Ⅳ</td><td>製造間接費</td><td align="right">154,000</td></tr>
<tr><td></td><td>2．減価償却費　　154,000</td><td align="right">164,000</td><td></td><td>合　計</td><td align="right">612,000</td></tr>
<tr><td></td><td>合　計</td><td align="right">612,000</td><td></td><td>製造間接費配賦差異</td><td align="right">3,000</td></tr>
<tr><td></td><td>製造間接費配賦差異</td><td align="right">3,000</td><td></td><td>当期製造費用</td><td align="right">609,000</td></tr>
<tr><td></td><td>当期製造費用</td><td align="right">609,000</td><td></td><td>期首仕掛品棚卸高</td><td align="right">44,000</td></tr>
<tr><td></td><td>期首仕掛品棚卸高</td><td align="right">44,000</td><td></td><td>合　計</td><td align="right">653,000</td></tr>
<tr><td></td><td>合　計</td><td align="right">653,000</td><td></td><td>期末仕掛品棚卸高</td><td align="right">38,000</td></tr>
<tr><td></td><td>期末仕掛品棚卸高</td><td align="right">38,000</td><td></td><td>当期製品製造原価</td><td align="right">615,000</td></tr>
<tr><td></td><td>当期製品製造原価</td><td align="right">615,000</td><td></td><td></td><td></td></tr>
</table>

【解説】

　材料費（直接材料費）と労務費（直接労務費）は資料①と②より次のように計算する。

　　材料費：21,000 + 239,000 − 27,000 = 233,000 円

　　労務費：222,000 + 51,000 − 58,000 = 215,000 円

　製造間接費配賦差異は予定配賦額 151,000 ＜実際発生額 154,000 であるから 3,000 円の借方差異である。ここで，製造原価報告書では実際発生額を記入するので減価償却費（本問では製造間接費はこれだけしかない）は 154,000 円が入る。しかし，損益計算書では予定配賦額（151,000 円）を記入する必要がある

ため，製造原価報告書において実際発生額を予定配賦額に修正するための手続き，すなわち実際発生額から3,000円を差し引く処理が必要になる。

　したがって，製造間接費配賦差異に3,000円を記入し，材料費・労務費・経費の合計金額612,000円から減算する処理を行う。この結果，例題24-1の損益計算書と本問の製造原価報告書の当期製造原価がともに615,000円で一致することが確認できる。

⇒基本練習問題24-2を解答

第 24 章　基本練習問題

問題 24-1　次の資料 1 ～ 4 に基づき，損益計算書（一部のみ）を作成しなさい。

《資料 1 》当期の仕掛品勘定（単位：円）

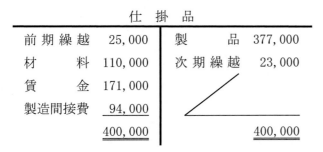

仕　掛　品

前 期 繰 越	25,000	製　　　　品	377,000
材　　　　料	110,000	次 期 繰 越	23,000
賃　　　　金	171,000		
製 造 間 接 費	94,000		
	400,000		400,000

《資料 2 》当期の製品勘定（単位：円）

製　　　品

前 期 繰 越	12,000	売 上 原 価	367,000
仕　掛　品	377,000	次 期 繰 越	22,000
	389,000		389,000

《資料 3 》

　製造間接費は予定配賦し，製造間接費の当期の実際発生額は 92,000 円であった。原価差異は売上原価に加減する。

《資料 4 》

　当期において，資料 1 ～ 3 以外に次の費用が発生した。

　・本社の取締役の給与および役員手当 11,000 円

　・本社ビルの減価償却費 18,000 円

　・販売費 26,000 円

　・営業部の社員の給与 84,000 円

[解答欄]

損益計算書

Ⅰ　売上高　　　　　　　　　　　　　　595,000

Ⅱ　売上原価

　　　1.期首製品棚卸高　　（　　　　　）

　　　2.当期製品製造原価　（　　　　　）

　　　　　合　　　計　　　（　　　　　）

　　　3.期末製品棚卸高　　（　　　　　）

　　　　　差　　　引　　　（　　　　　）

　　　4.原　価　差　異　（　　　　　）（　　　　　）

　　　　　売上総利益　　　　　　　　（　　　　　）

Ⅲ　販売費及び一般管理費　　　　　（　　　　　）

　　　営業利益　　　　　　　　　　（　　　　　）

（以下省略）

問題 24-2　次の資料に基づいて，(1)原価を形態別分類に基づいて記入する方法，(2)原価を直接費と間接費に分類して記入する方法によって，それぞれ製造原価報告書を作成しなさい。

《資料》

① 材料（すべて直接材料費）　③ 経費の当期発生状況（下記以外の経費発生はない）

期首有高	72,300 円
当期購入高	334,600 円
期末有高	67,100 円

外注加工賃　85,000 円
減価償却費　178,000 円

④ 仕掛品

② 賃金（すべて直接労務費）

当期支払	566,700 円
当期未払	191,400 円
前期未払	189,900 円

期首仕掛品有高　101,000 円
期末仕掛品有高　94,000 円

⑤ 製造間接費の予定配賦額：180,000 円

[解答欄]

(1)形態別分類に基づいて記入する方法　　(2)直接費と間接費に分類して記入する方法

製造原価報告書

Ⅰ　材料費		(339,800)
Ⅱ　労務費		(568,200)
Ⅲ　経費		
1．外注加工賃	(85,000)	
2．減価償却費	(178,000)	(263,000)
合　計		(1,171,000)
製造間接費配賦差異		(2,000)
当期製造費用		(1,173,000)
期首仕掛品棚卸高		(101,000)
合　計		(1,274,000)
期末仕掛品棚卸高		(94,000)
当期製品製造原価		(1,180,000)

製造原価報告書

Ⅰ　直接材料費	(339,800)
Ⅱ　直接労務費	(568,200)
Ⅲ　直接経費	(85,000)
Ⅳ　製造間接費	(178,000)
合　計	(1,171,000)
製造間接費配賦差異	(2,000)
当期製造費用	(1,173,000)
期首仕掛品棚卸高	(101,000)
合　計	(1,274,000)
期末仕掛品棚卸高	(94,000)
当期製品製造原価	(1,180,000)

第24章　発展練習問題

問題 24-3　次の資料に基づいて，損益計算書（月次）と製造原価報告書の（　　）に当てはまる適切な数値を記入しなさい。なお，製造間接費は直接作業時間に基づいて各製造指図書に予定配賦している。

《資料１》

当月の原価計算表（一部のみ記載）は次の通りである。

	製造指図書				
	No. 51	No. 52	No. 53	No. 54	合　計
前 月 繰 越	19,000	0	0	0	19,000
直 接 材 料 費	73,000	46,000	125,000	90,000	334,000
直 接 労 務 費	102,000	91,000	113,000	44,000	350,000
直 接 経 費	2,000	3,000	7,000	0	12,000
製 造 間 接 費	80,000	64,000	108,000	48,000	300,000
製 造 着 手 日	20X1.11.27	20X1.12. 1	20X1.12. 6	20X1.12.19	
完 成 日	20X1.12. 9	20X1.12.15	20X1.12.23	—	

《資料２》

製造指図書 No.50 は 11 月中に製造に着手し，11 月中に完成した。No.50 に集計された製造原価は 178,000 円であり，12 月 3 日に販売済である。

《資料３》

製造指図書 No.51 と No.52 は当月中に販売済，No.53 は未販売である。

《資料４》

当月の製造間接費の実際発生額は 304,000 円，販売費及び一般管理費の合計は 67,000 円である。

［解答欄］

損益計算書

20X 1 年 12 月 1 日〜12 月 31 日

Ⅰ　売上高　　　　　　　　　　　　　　800,000

Ⅱ　売上原価

　1.期首製品棚卸高　　（　　　　　）

　2.当期製品製造原価　（　　　　　）

　　合　　　計　　　　（　　　　　）

　3.期末製品棚卸高　　（　　　　　）

　　差　　引　　　　　（　　　　　）

　4.原　価　差　異　　（　　　　　）　（　　　　　　）

　　売上総利益　　　　　　　　　　　（　　　　　）

Ⅲ　販売費及び一般管理費　　　　　　　（　　　　　）

　　営業利益　　　　　　　　　　　　（　　　　　）

　　　　　　（以下省略）

製造原価報告書

20X 1 年 12 月 1 日〜12 月 31 日

　Ⅰ　直接材料費　　　　　　（　　　　　）

　Ⅱ　直接労務費　　　　　　（　　　　　）

　Ⅲ　直接経費　　　　　　　（　　　　　）

　Ⅳ　製造間接費　　　　　　（　　　　　）

　　　合　　　計　　　　　（　　　　　）

　　製造間接費配賦差異　　（　　　　　）

　　当期製造費用　　　　　（　　　　　）

　　期首仕掛品棚卸高　　　（　　　　　）

　　　合　　　計　　　　　（　　　　　）

　　期末仕掛品棚卸高　　　（　　　　　）

　　当期製品製造原価　　　（　　　　　）

第25章 工場会計の独立

1 工場会計を独立させる意義

　企業の規模が大きくなると複数の工場でさまざまな種類の製品を製造することがよくある。例えば，自動車メーカーであれば，A工場では大衆車，B工場では高級車，C工場では軽自動車というように工場によって製造する製品の種類を分ける例が多い。複数の工場が異なる地域にある場合，必然的に本社と，工場のうちのいくつかは別々の位置に所在する。このようなケースでは，工場で発生したさまざまな取引をすべて本社の帳簿に集約して記帳することは得策ではない。

　工場会計の独立とは，本社と工場に別々に帳簿を設けて，本社に関わる取引は本社の帳簿に記帳し，工場に関わる取引は工場の帳簿に記帳する方法である。

2 工場会計を独立させた場合の留意点

(1)工場側にのみ設置される勘定科目

　工場会計を独立させる場合，本社側と工場側では設置される勘定科目が異なることに注意が必要である。工場はあくまでも製品を製造する場所であるから，工場側には製造に関する勘定科目のみが設置される。代表的な勘定科目は次の通りである。

　①材料
　②賃金
　③直接経費の勘定科目（外注加工賃など）
　④製造間接費
　⑤仕掛品
　⑥製品

　本社は製品を製造する場所ではなく，製品を販売したり，掛代金や賃金の支払いなどを行ったりする場所であるから，製造に関する上記の勘定科目は設置されない。

(2) 本社勘定と工場勘定

　本社だけ，あるいは工場だけで記帳できる取引であれば問題ないが，本社と工場にまたがる取引の場合に工場会計を独立させて勘定科目を分離しただけでは問題が生じる。例えば，本社が材料を掛けで購入し，材料は工場に直接届く場合，本社側では買掛金が発生し，工場側では材料の受入が発生する。この取引について工場会計を独立させていない場合には，次の仕訳になる。

　　　（借）材　料　×××　（貸）買掛金　×××

　しかし，工場会計を独立させた場合，本社側には材料勘定は存在せず，工場側には買掛金勘定が存在しないため，仕訳を行おうとしても次のように本社と工場側のそれぞれで適切な相手勘定科目が存在しないため仕訳ができない。

　　　本社側　（借）？？？　×××　（貸）買掛金　×××
　　　工場側　（借）材　料　×××　（貸）？？？　×××

　そこで，本社側には**工場勘定**を設けて，工場側には**本社勘定**を設けることで，本社と工場にまたがる取引の場合には，工場または本社を相手勘定科目とすることで，本社と工場でそれぞれ仕訳ができるようにする。したがって，上記の例であれば，次のように仕訳される。

　　　本社側　（借）工　場　×××　（貸）買掛金　×××
　　　工場側　（借）材　料　×××　（貸）本　社　×××

　本社と工場にまたがる取引の場合には，工場勘定と本社勘定は必ず同時に発生し，同額ずつ仕訳されていく。したがって，工場勘定の残高（借方に残高が発生）と本社勘定の残高（貸方に残高が発生）は必ず一致する。

　なお，問題によっては「本社」を「本社元帳」，「工場」を「工場元帳」と仕訳する場合もあるので，問題で使用するよう指示されている勘定科目に注意する。

〔例題 25-1〕

当社は工場会計を独立させている。次の(1)～(6)の取引について本社と工場の仕訳を示しなさい。なお，本社と工場の総勘定元帳には次の勘定科目が設定されている。ただし，仕訳が不要の場合には「仕訳なし」とすること。

本社：現金，買掛金，売上原価，売掛金，売上，減価償却累計額，工場

工場：材料，賃金，製造間接費，仕掛品，製品，本社

(1) 本社は材料 150,000 円を掛けで仕入れた。材料は購入先から工場内にある倉庫に直接搬送されて，工場はこれを受け入れた。

(2) 工場は材料 120,000 円を消費した（直接材料費 95,000 円，間接材料費 25,000 円）。

(3) 工場の従業員に賃金 320,000 円が現金で支給された。なお，賃金の支払いは本社で行っている。

(4) 工場内にある機械設備の減価償却費 45,000 円を計上した。

(5) 工場で製品 450,000 円が完成した。

(6) 本社は原価 450,000 円の製品を 500,000 円で売り上げて，代金は掛けとした。なお，製品は工場の倉庫から直接，顧客に配送される。

●解答●

(1) 本社 （借）工　　　場 150,000 （貸）買　掛　金 150,000

　　工場 （借）材　　　料 150,000 （貸）本　　　社 150,000

(2) 本社　　　仕 訳 な し

　　工場 （借）仕 掛 品 95,000 （貸）材　　　料 120,000

　　　　　　　製造間接費 25,000

(3) 本社 （借）工　　　場 320,000 （貸）現　　　金 320,000

　　工場 （借）賃　　　金 320,000 （貸）本　　　社 320,000

(4) 本社 （借）工　　　場 45,000 （貸）減価償却累計額 45,000

　　工場 （借）製造間接費 45,000 （貸）本　　　社 45,000

(5) 本社　　　仕 訳 な し

　　工場 （借）製　　　品 450,000 （貸）仕　掛　品 450,000

(6) 本社 （借）売 掛 金 500,000 （貸）売　　　上 500,000

　　　　　　　売 上 原 価 450,000 　　　工　　　場 450,000

　　工場 （借）本　　　社 450,000 （貸）製　　　品 450,000

【解説】

本社と工場にまたがる取引は(1)，(3)，(4)，(6)であり，(2)と(5)は工場だけで完結する取引である。したがって，(2)と(5)は本社側の仕訳はない。

(4)は工場側に減価償却費が勘定科目として設定されていないため，製造間接費で仕訳を行う。

(6)は本社側では売上だけではなく，売上原価も発生することに注意が必要である。また，製品は工場から直接顧客のもとに発送されているので，工場側でも製品の減少が発生する。

⇒基本練習問題 25-1 を解答

第 25 章　基本練習問題

問題 25-1　A社の本社は東京都にあり，工場は栃木県にあることから，工場会計を独立
させている。工場側の総勘定元帳には，材料，賃金，製造間接費，仕掛品，
製品，本社の各勘定が設けられている。また，本社側の総勘定元帳には，現
金，買掛金，売上原価，売掛金，売上，減価償却累計額，工場の各勘定が設
けられている。以下の(1)〜(9)の取引について，本社および工場それぞれの
仕訳を示しなさい。仕訳がない場合には仕訳なしと記入すること。

(1)　本社は材料 510,000 円を購入し代金は掛けとした。購入した材料は
直接，工場に搬送された。なお，引取運賃 10,000 円が発生したの
で，本社が現金で支払った。

(2)　工場で材料 408,000 円が消費された（内訳：素材 315,000 円，補助材料
93,000 円）。

(3)　工場で賃金 839,000 円が消費された（内訳：直接労務費 626,000 円，間
接労務費 213,000 円）。

(4)　工場の従業員に賃金 855,000 円が現金で支給された。なお，賃金の
支払いは本社が行っている。

(5)　工場の水道料金 25,000 円の請求が来たので本社が現金で支払った。

(6)　工場建物の減価償却費 160,000 円を計上した。

(7)　A社は製造間接費を予定配賦しており，製造間接費の予定配賦率は
600 円/時，当月の直接作業時間は 600 時間であった。

(8)　製造指図書 No.1 の製品（製造原価合計 1,150,000 円）が完成した。完
成した製品は販売されるまで工場の倉庫で保管している。

(9)　本社は(8)で完成した製品を 1,320,000 円で販売し，代金は掛けとし
た。なお，販売された製品は工場から直接，顧客に発送される。

218

[**解答欄**] 【本社の仕訳】

	借　方	金　額	貸　方	金　額
(1)				
(2)				
(3)				
(4)				
(5)				
(6)				
(7)				
(8)				
(9)				

［解答欄］【工場の仕訳】

	借　　方	金　　額	貸　　方	金　　額
(1)				
(2)				
(3)				
(4)				
(5)				
(6)				
(7)				
(8)				
(9)				

第25章　発展練習問題

問題 25-2　当社は本社と工場があり，工場会計を独立させている。次の資料を基にして，12月31日時点の残高試算表を完成させなさい。なお，資料中の？については各自推定すること。

《資料1》

12月1日現在の残高試算表は次の通りである。

残高試算表（本社）

借方残高	勘定科目	貸方残高
529,000	現　　金	
1,567,000	当座預金	
1,146,000	売　掛　金	
	買　掛　金	1,007,000
	預　り　金	158,000
	売　　上	8,253,000
？	売上原価	
860,000	給　　与	
？	工　　場	
9,418,000		9,418,000

残高試算表（工場）

借方残高	勘定科目	貸方残高
16,000	材　　料	
17,000	賃　　金	
135,000	製　　品	
42,000	仕　掛　品	
12,000	製造間接費	
	本　　社	222,000
222,000		222,000

《資料2》

12月1日時点の材料（16,000円）の内訳は材料Aが16,000円（@320円×50個），材料Bが0円である。なお，材料の消費単価の計算は先入先出法によって行うこと。

《資料3》

12月中の取引は次の通りである。

12/5　本社は材料A（@280円×1,000個）を掛けで仕入れた。材料は購入先から工場内にある倉庫に直接搬送されて，工場はこれを受け入れた。なお，運賃5,000円は掛け代金に含めて後日請求を受ける約束になっている。

12/8　工場は材料B（@190円×800個）を注文して代金は掛けとした。当日中に材料Bは工場の倉庫に搬入された。なお，運賃4,000円は先方負担である。

12/10　材料Aを主要材料として800個，材料Bを補助材料として780個消費した。

12/18　工場で製品1,000,000円（@1,250円×800個）が完成した。

12/22　本社は買掛金 285,000 円を当座預金口座から振り込んだ（振込手数料は無視してよい）。

12/25　本社の従業員に給与（350,000 円），工場の従業員に賃金（650,000 円）が支給され，社会保険料（本社従業員分 60,000 円，工場従業員分 110,000 円）と，所得税（本社従業員分 40,000 円，工場従業員分 90,000 円）を差し引いた残額を当座預金口座から従業員の口座に振り込んだ（振込手数料は無視してよい）。

12/28　本社は製品 780 個を 1,200,000 円で売り上げて代金は掛けとした。なお，製品は工場から顧客に直接届けられる。

12/31　当月の直接工の直接作業時間は 620 時間，間接作業時間は 80 時間であった。また，実際消費賃率は 920 円／時であった（当社には直接工のみ在籍しているものとする）。また，当月の製造間接費実際発生額 231,000 円を仕掛品勘定に振り替える。

《資料 4》

　月初製品 135,000 円の内訳は，1 個当たり製造原価 1,350 円の製品が 100 個である。なお，製品の払出単価は先入先出法によって計算する。

《資料 5》

　本社側の総勘定元帳には，現金，当座預金，売掛金，買掛金，預り金，売上，売上原価，給与，工場の各勘定が設けられている。また，工場側の総勘定元帳には，材料，賃金，製品，仕掛品，製造間接費，本社の各勘定が設けられている。

[解答欄]

残高試算表（本社）

借方残高	勘定科目	貸方残高
	現　金	
	当座預金	
	売掛金	
	買掛金	
	預り金	
	売上	
	売上原価	
	給与	
	工場	

残高試算表（工場）

借方残高	勘定科目	貸方残高
	材料	
	賃金	
	製品	
	仕掛品	
	製造間接費	
	本社	

補　章　固定予算を前提とした製造間接費の差異分析

　標準原価計算における製造間接費の差異分析では，固定予算と変動予算のどちらを採用しているかによって差異分析の結果は変わってくる。固定予算よりも変動予算の方が理論的に優れていることから，製造間接費の差異分析では変動予算（「公式法変動予算」と呼ばれる）が採用されることが多い。日商簿記検定2級でも変動予算に基づく出題が圧倒的に多いことから，第23章の説明も変動予算を前提とした説明となっている。

　しかし，過去には日商簿記検定2級においても固定予算を前提とした製造間接費の差異分析の問題が出題されたこともあるため，補章を設けて説明を加える。

　標準原価計算における固定予算を前提とした製造間接費の差異分析であっても，最終的に求める差異は予算差異，能率差異および操業度差異の3種類であり，これは変動予算の場合と同じである。このうち，能率差異と操業度差異は差異の持つ意味が変動予算の場合と基本的に変わらないが，予算差異は差異分析の前提となる操業度が変わるため，差異の意味合いが変わっていることに注意が必要である。

　予算差異と操業度差異は，第7章で学んだ固定予算を前提とした製造間接費の差異分析で出てきたものと同じ意味であり，第7章と重なる部分が多くある。そこで，第7章で紹介した図を用いた解法に修正を加えることで3種類の差異を求めていく。

〔例題〕

　当社は標準原価計算を採用している。次の資料に基づき，固定予算によって製造間接費の差異分析を行い，予算差異，能率差異および操業度差異を計算しなさい。

《資料》

・製造間接費予算額（月額）：600,000円　　　・基準操業度：500時間

・製造間接費実際発生額：618,000円　　　　　・実際操業度：490時間

　　　　　　　　　　　　　　　　　　　　　　・標準操業度：470時間

●解答・解説●

　第7章で学んだように固定予算を採用した場合の製造間接費の差異分析では，製造間接費予定配賦率（製造間接費予算額÷基準操業度より算定）を変動費部分と固定費部分に分けることをせずに差異の計算を行った。これをふまえて，図表7-1を改良した下記の図表Aを作成する。

図表 A　固定予算を前提とした製造間接費の差異分析（その1）

製造間接費 予定配賦率 @1,200	能率差異	操業度差異
	標準操業度 470時間	実際操業度 490時間　基準操業度 500時間

　図表 A より長方形の面積が差異の金額となり，正の値ならば貸方差異，負の値ならば借方差異となるから，第 7 章と同じ方法で，能率差異と操業度差異を求めると次のようになる。
- 能 率 差 異：$(470-490) \times 1,200 = -24,000$　　24,000 円の借方差異
- 操業度差異：$(490-500) \times 1,200 = -12,000$　　12,000 円の借方差異

　固定予算の予算差異とは，基準操業度を前提として編成された製造間接費の予算額と，実際発生額との差額である。この点については標準原価計算の場合でも同じである。基準操業度を前提として編成された製造間接費の予算額とは図表 B の太線外枠の金額（この例題では問題文からも与えられている）であるから，予算差異は図表 B の通りとなる。

図表 B　固定予算を前提とした製造間接費の差異分析（その2）

$$予算差異＝製造間接費予算額_{(太線外枠の金額)} － 製造間接費実際発生額$$
$$＝600,000－618,000　　★18,000円（借方差異）$$

【参考】変動予算を前提とした製造間接費の差異分析

　図表 B は製造間接費予定配賦率を変動費部分と固定費部分に分けることで変動予算の差異分析にも応用可能である。図表 A において，製造間接費予算額（月額）のうち固定費部分が占める金額が 200,000 円，変動費部分が占める金額が 400,000 円であるという条件を加えて，図表 B を改良した図表 C を用いて差異分析を行うと以下の通りである。

図表C　変動予算を前提とした製造間接費の差異分析

製造間接費予定配賦率（変動費部分）@800	能率差異 16,000円（借方差異）(470−490)×800	変動費部分からは操業度差異が発生しない
製造間接費予定配賦率（固定費部分）@400	能率差異 8,000円（借方差異）(470−490)×400	操業度差異 4,000円（借方差異）(490−500)×400
	標準操業度 470時間　　実際操業度 490時間	基準操業度 500時間

予算差異＝（灰色部分金額＋黒線太枠金額）−製造間接費実際発生額
　　　　＝（490×800＋400×500）−618,000
　　　　＝−26,000　　★26,000円（借方差異）

　変動予算では製造間接費予定配賦率が変動費部分と固定費部分に分かれるため，図も変動費部分を表す上段と固定費部分を表す下段に分割される。第7章で確認したように変動費部分からは操業度差異が発生しないため×印となり，操業度差異は固定費部分から発生する。また，能率差異は変動費部分と固定費部分からそれぞれ発生するので，解答する際には両者を合算する。最後に，予算差異は図表Cの下部に示した算式で簡単に計算することができる。固定予算の場合と同様の考え方で，灰色部分と黒太枠部分の面積を金額と考えたうえで，これらの合計から実際発生額を差し引いた金額が予算差異であり，正の値ならば貸方差異，負の値ならば借方差異となる。

応用練習問題

問題 1 次の資料に基づいて，仕掛品勘定，製品勘定，損益勘定（月次損益）を完成させなさい。なお，製造間接費の予定配賦は行っていない。

《資料 1 》

当社では製品の製造において材料 X と材料 Y を使用している。材料 X と材料 Y の購入と消費に関する資料は下記の通りである。材料の消費単価は材料 X が平均法，材料 Y が先入先出法によって計算している。なお，材料 X は主要材料として，材料 Y は補助材料としてのみ使用される。

①材料 X

月初有高　200 個　@121 円

当月購入　800 個　@126 円

当月消費　850 個

月末有高　150 個

②材料 Y

月初有高　　80 個　@55 円

当月購入　370 個　@50 円

当月消費　310 個

月末有高　140 個

《資料 2 》

材料 X と材料 Y について，月末に倉庫で棚卸しを行ったところ材料 X は 146 個，材料 Y は 140 個であった。なお，棚卸減耗は正常な範囲で発生しているものとする。

《資料 3 》

当月の消耗工具器具備品の消費額は 4,700 円，工場消耗品の消費額は 3,200 円であった。

《資料 4 》

当社に在籍する従業員および取締役に支払った賃金および給与に関する資料は次の通りである。なお，直接工はすべて直接作業のみに従事しているものとする。また，賃金・給与以外の賞与や各種手当については無視するものとする。

	当月支給額	当月未払額	前月未払額
直　接　工	92,000 円	33,200 円	35,100 円
間　接　工	35,800 円	12,600 円	11,100 円
工場事務職員	18,400 円	6,300 円	5,900 円
営業部社員	25,300 円	8,900 円	9,200 円
取　締　役	5,000 円	1,300 円	1,800 円

《資料5》

　仕掛品の月初有高は42,750円，月末有高は46,000円であった。また，製品の月初有高は52,000円，月末有高は61,000円であった。

《資料6》

　資料1〜5以外に当月に発生した原価および費用は次の通りである。

　　・工場建物の減価償却費　6,000円
　　・本社ビルの減価償却費　1,000円
　　・機械設備の減価償却費　3,000円
　　・工場で使用する水道光熱費　4,000円
　　・本社ビルで使用する水道光熱費　500円
　　・工場の固定資産税　1,500円
　　・販売費　10,000円

[解答欄]

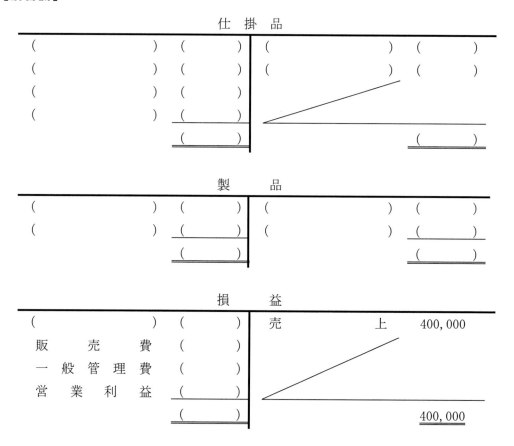

問題2 次の資料1～5に基づき，7月末時点の仕掛品有高，製品有高，7月の月次の売上原価を答えなさい。

《資料1》

　当社では実際個別原価計算を行っており，先月から今月にかけて製造指図書 No. 301～305 の製造を行った。製造着手日，完成日，引渡日に関する情報は次の通りである。なお，6月末日現在で，製造指図書別原価計算表に記載された製造原価の総額は No.301 が 157,000 円，No.302 が 74,000 円である。

	No. 301	No. 302	No. 303	No. 304	No. 305
製造着手日	6月6日	6月27日	7月3日	7月5日	7月25日
完　成　日	6月20日	7月13日	―	7月31日	―
引　渡　日	7月2日	7月14日	―	8月2日	―

《資料2》

　7月4日に No.302 の製造過程で仕損が発生した。仕損の程度は軽微だったので補修で対応可能であり，補修指図書 No.302-1 が発行された。

　また，7月8日に No.303 の製造過程でも仕損が発生し，補修での対応が困難なことから最初から製造をやり直すことになり，製造指図書 No.303-2 が発行された。なお，仕損品は 15,000 円で売却可能と見積られている。No.303-2 は 7月 27 日に完成し，7月 29 日に顧客に引き渡された。

《資料3》

　各製造指図書の直接材料費，直接労務費および直接経費の当月消費額は次の通りである。

	No. 302	No. 302-1	No. 303	No. 303-2	No. 304	No. 305
直接材料費	4,000	8,000	92,000	75,000	84,000	42,000
直接労務費	25,000	10,000	10,000	45,000	60,000	15,000
直 接 経 費	7,000	0	0	0	12,000	0

《資料4》

　No.304 の製造過程で作業屑が発生し，評価額は 1,000 円と見積られた。

《資料5》

　製造間接費は各製造指図書の直接労務費を基準に予定配賦し，直接労務費の 120% に相当する金額を配賦している。なお，製造間接費配賦差異の処理は不要である。

[**解答欄**]

7月末時点の仕掛品有高 ☐ 円

7月末時点の製品有高 ☐ 円

7月の月次の売上原価 ☐ 円

問題3 次の資料に基づいて，以下の問いに答えなさい。

《資料1》

当社には，製造部門として切削部門と組立部門，補助部門として修繕部門と工場事務部門があり，部門別原価計算によって製造間接費を各部門に配賦している。なお，部門別計算にあたり，補助部門同士の後方支援を考慮している。

《資料2》

製造間接費実際発生額は 300,000 円であり，そのうち部門個別費として切削部門費が 74,000 円，組立部門費が 83,500 円，修繕部門費が 9,000 円，工場事務部門費が 13,500 円であった。また，部門共通費が 120,000 円（工場建物の減価償却費 90,000 円，電気料金 30,000 円）であった。

《資料3》

工場建物の減価償却費は各部門の専有面積，電気料金は各部門の電力消費量で配賦する。専有面積と電力消費量に関する資料は次の通りである。

	切削部門	組立部門	修繕部門	工場事務部門
専 有 面 積	200 ㎡	250 ㎡	100 ㎡	50 ㎡
電力消費量	300kwh	500kwh	100kwh	100kwh

《資料4》

修繕部門費は修繕回数，工場事務部門費は各部門の人数で配賦する。修繕回数と人数に関する資料は次の通りである。

	切削部門	組立部門	修繕部門	工場事務部門
修 繕 回 数	9 回	15 回	—	3 回
人 　 数	12 名	13 名	5 名	2 名

問1　補助部門費を製造部門費に振り替える仕訳を示しなさい。

問2　製造部門費を仕掛品に振り替える仕訳を示しなさい。

問3　製造部門費の予定配賦を行っているものとして，切削部門費の予定配賦額が 134,000 円，組立部門の予定配賦額が 166,200 円である場合に，製造部門費配賦差異を計上する仕訳を示しなさい。

[解答欄]

問 1

借　方	金　額	貸　方	金　額

問 2

借　方	金　額	貸　方	金　額

問 3

借　方	金　額	貸　方	金　額

問題4 当社では製品Aのみを製造し，製品Aを2つの工程を経て製造しており，累加法による工程別総合原価計算を行っている。以下の資料に基づき，解答欄の損益計算書（一部）を完成させなさい。ただし，原材料は第1工程の始点で投入するものとし，期末仕掛品原価の評価は第1工程，第2工程のいずれも平均法によって計算すること。

《資料1》

生産データは次の通りである。なお，（　）の数値は加工進捗度を表している。

	第1工程	第2工程
期首仕掛品	250個（40%）	100個（20%）
当月投入	1,400個	1,200個
合計	1,650個	1,300個
正常仕損	50個	40個
期末仕掛品	300個（60%）	180個（50%）
完成品	1,300個	1,080個

《資料2》

原価データは次の通りである。

【第1工程】		【第2工程】	
期首仕掛品原価		期首仕掛品原価	
材料費	68,200円	前工程費	39,350円
加工費	11,720円	加工費	4,480円
当月製造費用		当月製造費用	
材料費	339,550円	前工程費	各自推定
加工費	207,320円	加工費	257,120円

《資料3》

販売データは次の通りである。なお，製品の払出単価の計算は先入先出法によって行うこと。

期首製品個数　50個

期首製品原価　@650円

期末製品個数　90個

製品Aの販売価格　@1,000円

《資料4》

第1工程完成品のうち一部は半製品として外部に販売（@500円）し，すべてが当期中

に販売された。ただし，第 1 工程完成品の期首および期末の在庫はないものとする。な
お，半製品の売上高も損益計算書の「売上高」に含めて表示すること。

《資料 5》
　第 1 工程の加工進捗度 40% の時点で仕損が発生し，仕損品評価額は 4,550 円である。仕
損品評価額は材料費から控除する。また，第 2 工程の加工進捗度 75% で仕損が発生し，
仕損品評価額は 10,100 円である。仕損品評価額は完成品総合原価から控除する。ただし，
これらの仕損は正常な範囲である。

[解答欄]

損益計算書

　Ⅰ　売上高　　　　　　　　　　　　　　（　　　　　）
　Ⅱ　売上原価
　　　　1．期首製品棚卸高　　（　　　　　）
　　　　2．当期製品製造原価　（　　　　　　）
　　　　　　合　　　計　　　（　　　　　）
　　　　3．期末製品棚卸高　　（　　　　　　）（　　　　　）
　Ⅲ　半製品売上原価　　　　　　　　　　（　　　　　　）
　　　　売上総利益　　　　　　　　　　　（　　　　　）
　　　　　　　　　　　　　　　　　　　　（以下省略）

問題5 次の資料に基づき，月末仕掛品原価と完成品総合原価を計算しなさい。ただし，月末仕掛品原価の評価は平均法によるものとする。

《資料1》生産データと原価データは次の通りである。

①生産データ　　　　　　　②原価データ

月初仕掛品　300個（3/10）　月初仕掛品原価

当月投入 2,000個　　材料費（材料A）149,700円　材料費（材料B）0円

合　計　2,300個　　材料費（材料C）15,730円　材料費（材料D）0円

正常減損　100個　　加工費 74,200円

月末仕掛品　400個（5/8）

完成品 1,800個　　当月製造費用

※（　）は加工進捗度を表す。　材料費（材料A）954,700円

材料費（材料B）519,200円

材料費（材料C）297,920円

材料費（材料D）43,800円

加工費　1,705,200円

《資料2》

材料Aは工程の始点で投入し，材料Bは加工進捗度35%の時点で投入し，材料Cは工程を通じて平均して投入し，材料Dは工程の終点で投入する。

《資料3》

工程の途中で減損の発生を確認しているがその正確な発生点は不明である。

［解答欄］

月末仕掛品原価 ☐ 円

完成品総合原価 ☐ 円

問題6 当社は直接原価計算を採用し，製品Bのみを製造および販売している。次の資料に基づき，問1～問3に答えなさい。

《資料1》

t期，t+1期，t+2期の生産データおよび販売データは次の通りである。なお，製品Bの売れ行きが良いことから，t期の販売単価は1,000円であったが，毎期2％ずつ販売単価を値上げしたうえで販売している。また，（ ）は加工進捗度を表し，t期からt+2期にかけて仕損および減損は発生していない。

	生産データ				販売データ		
	t期	t+1期	t+2期		t期	t+1期	t+2期
期首仕掛品	0個	50個(1/2)	100個(2/5)	期首製品	0個	100個	120個
当期投入	550個	650個	700個	当期完成	500個	600個	650個
合 計	550個	700個	800個	合 計	500個	700個	770個
期末仕掛品	50個(1/2)	100個(2/5)	150個(3/5)	期末製品	100個	120個	120個
当期完成	500個	600個	650個	当期販売	400個	580個	650個

《資料2》

製造原価，販売費及び一般管理費に関する資料は次の通りである。なお，資料2の各データはt期からt+2期にかけて変化しないものとする。

（A）変動費

製造原価　　450円/個

販売費　　　40円/個

（B）固定費

製造原価　すべて製造間接費であり，各期生産量における製品1個当たりの製造間接費は200円である。

販　売　費（期間総額）　20,000円

一般管理費（期間総額）　30,000円

問1　直接原価計算で損益計算書を作成した場合のt期，t+1期およびt+2期の営業利益を答えなさい。

t期　[　　　　　　　　円　]　　　t+1期　[　　　　　　　　　円　]

t+2期　[　　　　　　　　円　]

問2　全部原価計算で損益計算書を作成した場合の t 期，t+1 期，t+2 期の期末仕掛品および期末製品に含まれる固定製造原価の金額をそれぞれ答えなさい。

期末仕掛品に含まれる固定製造原価の金額

t 期 [　　　　　　　　　　] 円　　　　t+1 期 [　　　　　　　　　　] 円

t+2 期 [　　　　　　　　　　] 円

期末製品に含まれる固定製造原価の金額

t 期 [　　　　　　　　　　] 円　　　　t+1 期 [　　　　　　　　　　] 円

t+2 期 [　　　　　　　　　　] 円

問3　固定費調整を行ったうえで，全部原価計算で損益計算書を作成した場合の t 期，t+1 期および t+2 期の営業利益を答えなさい。

t 期 [　　　　　　　　　　] 円　　　　t+1 期 [　　　　　　　　　　] 円

t+2 期 [　　　　　　　　　　] 円

問4　全部原価計算と直接原価計算について述べた次の（A）～（D）の文章のうち，正しい文章の数を選択肢（ア）～（オ）の中から選びなさい。

（A）現行（2020 年 4 月 1 日現在）の会計基準では外部報告目的に採用できるのは全部原価計算のみである。

（B）当期の製品の生産数量と販売数量が一致する場合には，全部原価計算と直接原価計算で計算した営業利益は必ず一致する。

（C）全部原価計算では生産数量が多くなればなるほど営業利益が減少する。

（D）限界利益は直接原価計算にのみ現れる利益概念であり，限界利益がマイナスになった場合には特別な事情がない限りすぐに生産を中止することが望ましい。

（ア）すべて正しい　（イ）3 つ　（ウ）2 つ　（エ）1 つ　（オ）すべて間違い

問題7 次の資料に基づいて，以下の問いに答えなさい。

《資料》

売上高 100,000 円　　変動売上原価 53,000 円　　変動販売費 17,000 円

固定製造原価 14,000 円　　固定販売費 7,000 円　　固定一般管理費 3,000 円

※期首・期末ともに，仕掛品有高および製品棚卸高は存在しないものとする。

問1　損益分岐点売上高を求めなさい。

問2　安全余裕率50%を達成するためには，いくらの売上高が必要になるか答えなさい。

問3　売上高営業利益率15%を達成するために必要な売上高を求めなさい。

問4　次期において，固定費の見直しを行い，変動費と固定費の比率が5：1で固定されると仮定した場合，営業利益 32,000 円を達成するために必要な売上高を求めなさい。

問5　次期において売上高が9.2%増加し，変動費が2.5%減少し，固定費が2,600円増加することが見込まれる場合，28,000 円の営業利益を達成するために必要な売上高を計算しなさい。

[解答欄]

問1 ☐ 円

問2 ☐ 円

問3 ☐ 円

問4 ☐ 円

問5 ☐ 円

問題8 当社は標準原価計算を採用している。次の資料に基づいて，解答欄に示されたそれぞれの差異を求めなさい。

《資料1》

標準原価カードは次の通りである。

	（標準価格）	（標準消費量）	
直接材料費	320 円／kg	3kg	960 円
	（標準賃率）	（標準直接作業時間）	
直接労務費	400 円／時	4 時間	1,600 円
	（標準配賦率）	（標準直接作業時間）	
製造間接費	280 円／時	4 時間	1,120 円
製品1個当たりの標準製造原価			3,680 円

《資料2》

生産データは次の通りである。

月初仕掛品	200 個 （30%）
当月投入	1,450 個
合計	1,650 個
月末仕掛品	150 個 （60%）
完成品	1,500 個

《資料3》

当月の実際原価に関するデータは次の通りである。

直接材料費	1,399,900 円
直接労務費	2,426,700 円
製造間接費	1,714,800 円

《資料4》

当月の正常直接作業時間は 6,200 時間，当月の実際直接作業時間は 6,060 時間である。

［解答欄］ ※借方または貸方のいずれかを○で囲うこと

予算差異	円の 借方 貸方 差異
能率差異	円の 借方 貸方 差異
操業度差異	円の 借方 貸方 差異

問題9 当社は標準原価計算を採用し，仕掛品勘定の記帳はパーシャル・プランによって行っている。次の資料に基づいて，《資料1》〜《資料4》の（①）〜（⑭）に当てはまる適切な数値もしくは語句を解答しなさい。

《資料1》

標準原価カードは次の通りである。

	（標準価格）	（標準消費量）	
直接材料費	150 円／kg	3kg	450 円
	（標準賃率）	（標準直接作業時間）	
直接労務費	（①）円／時	2.5 時間	（②）円
	（標準配賦率）	（標準直接作業時間）	
製造間接費	100 円／時	2.5 時間	250 円
製品1個当たりの標準製造原価			（③）円

《資料2》

生産データは次の通りである。

月初仕掛品　　300 個（40%）
当月投入　　1,700 個
　合　計　　2,000 個
月末仕掛品　　400 個（60%）
完成品　　1,600 個

《資料3》

仕掛品勘定の記帳は次の通りである。

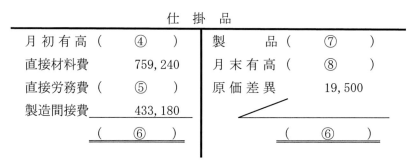

仕　掛　品

月初有高 （　④　）	製　　品 （　⑦　）
直接材料費　759,240	月末有高 （　⑧　）
直接労務費 （　⑤　）	原価差異　　19,500
製造間接費　433,180	
（　⑥　）	（　⑥　）

《資料4》

直接材料費，直接労務費および製造間接費に関する各差異は次の通りである。

- 材料消費価格差異　（　⑨　）円の（　⑩　）差異
- 材料消費量差異　　　4,500円の　　　　借方差異
- 賃　率　差　異　（　⑪　）円の（　⑫　）差異
- 作業時間差異　　　　3,600円の　　　　貸方差異
- 予　算　差　異　（　⑬　）円の（　⑭　）差異
- 能　率　差　異　　　2,000円の　　　　貸方差異
- 操業度差異　　　　　4,200円の　　　　借方差異

《資料5》

能率差異は，変動費と固定費から構成されるものとし，変動費の能率差異は800円の貸方差異である。

①	②	③	④
⑤	⑥	⑦	⑧
⑨	⑩	⑪	⑫
⑬	⑭		

索　引

≪著者紹介≫

中島洋行（なかじま・ひろゆき）第 1～11 章，第 18・19 章，第 24・25 章，補章，応用練習問題担当

　2007 年　作新学院大学経営学部准教授
　2011 年　明治大学大学院経営学研究科博士後期課程修了（経営学博士）
　2013 年　作新学院大学経営学部教授
　2016 年　明星大学経営学部准教授
　2018 年　明星大学経営学部教授（現職）

　主要研究業績
　『ライフサイクル・コスティング―イギリスにおける展開―』創成社，2011 年。
　「ライフサイクル・コストの生成とロジスティクス・コスト」『原価計算研究』第 36 巻第 2 号，2012 年。
　『公共施設とライフサイクルコスト』日本経済評論社，2020 年。
　「事業承継の発生と管理会計の導入―栃木県信用保証協会および有限会社長岡生コンクリートへのインタビュー調査に基づく考察―」『中小企業会計研究』第 6 号，2020 年。

薄井浩信（うすい・ひろのぶ）第 12～17 章，第 20～23 章担当

　1994 年　福島大学大学院経済学研究科経営学専攻修了（経済学修士）
　1995 年～2018 年
　　　　　福島県及び栃木県の複数の県立高等学校にて商業科教諭として奉職
　2007 年　東亜大学通信制大学院総合学術研究科法学専攻修了（法学修士）
　2018 年　国際医療福祉大学医療福祉学部専任講師（現職）

　主要研究業績
　「高等学校における管理会計教育の起源に関する一考察―昭和 53 年高等学校学習指導要領における科目『工業簿記』を中心として―」『作大論集』第 6 号，2016 年。
　「原価計算教育における標準原価計算の意義の拡大と直接原価計算の登場 ―1960 年代から 1970 年代における高等学校学習指導要領の考察―」『作大論集』第 7 号，2017 年。
　「高等学校における総合原価計算の指導法に関する事例研究」『商業教育論集（第 28 集)』，2018 年。
　「新高等学校学習指導要領における原価計算教育および管理会計教育の検討―高等学校学習指導要領の変遷に基づく考察―」『商業教育論集（第 29 集)』2019 年。

（検印省略）

2020 年 3 月 20 日　初版発行　　　　　　　　　　　　　　　　略称―解法

工業簿記・原価計算の解法

著　者　中島洋行・薄井浩信
発行者　塚 田 尚 寛

発行所　東京都文京区　　　　　株式会社　創 成 社
　　　　春日 2−13−1

電　話 03（3868）3867　　　Ｆ Ａ Ｘ 03（5802）6802
出版部 03（3868）3857　　　Ｆ Ａ Ｘ 03（5802）6801
http://www.books-sosei.com　　振　替 00150-9-191261

定価はカバーに表示してあります。

©2020 Hiroyuki Nakajima　　　組版：亜細亜印刷　　印刷：エーヴィスシステムズ
ISBN978-4-7944-1541-7 C3034　　製本：宮製本所
Printed in Japan　　　　　　　　落丁・乱丁本はお取り替えいたします。